Plätzchen

Klassische Rezepte

IMPRESSUM

Niederkasseler Straße 2
40547 Düsseldorf
Tel. 0211-55 62 55
E-Mail: info@zeitgeistmedia.de

Redaktion
Inga Küll
Julia Siegers
Katharina Fleischer

Layout
Marcus Eckhardt

Bildnachweis
Seite 124

Druck
MohnMedia
Mohndruck GmbH, Gütersloh

Printed in Germany
ISBN 978-3-934046-07-8

Titelfoto
„Spitzbuben"-Gebäck

Liebe Leserin, lieber Leser,

in den Wochen vor Weihnachten zieht durch Deutschlands Küchen ein besonderer, aufregender Duft. Millionen kleiner und großer Christkindhelfer zaubern Plätzchen, Makronen, Kekse und Spekulatius für die festlichen Tage, Millionen Mütter und Väter erinnern sich an die eigenen Kindertage.

Dabei passen Plätzchen nicht nur in die dunkle Jahreszeit. Sie bereichern das ganze Jahr über die Kaffeetafel, anstelle oder ergänzend zu Kuchen und Torte. Viele Sorten von Kleingebäck haben den Vorteil, länger haltbar zu sein – in gut verschlossener Dose bleiben sie frisch und lecker.

Dieses Buch wäre übrigens noch vor 200 Jahren ein echtes Schatzkästchen gewesen. Damals galten süße Backwaren als purer Luxus, den sich nur die Damen der gehobenen Gesellschaft beim Kaffeekränzchen leisteten. Zucker, Mandeln oder Kakao waren sündhaft teure Produkte, die mit Segelschiffen mühsam aus Übersee herangeschafft werden mussten. Das änderte sich erst, als es gelang, Zucker aus Rüben herzustellen.

In diesem Buch sind klassische Plätzchenrezepte zusammengetragen, die schon Oma kannte. Nach bewährtem Prinzip werden die Rezepte Schritt für Schritt in Fotos erklärt – so lässt sich die Zubereitung einfach nachvollziehen. Seite 124 gibt Ihnen einen Überblick über alle Klassiker aus diesem Buch – von A wie Anisplätzchen bis Z wie Zimtsterne.

Wir wünschen Ihnen viel Spaß beim Backen!

Das Team von ***Zeitgeist Media***

Inhalt

BEVOR SIE LOSLEGEN

FÜR JEDE GELEGENHEIT

KLEINES GEBÄCK

KONFEKT

WEIHNACHTSBÄCKEREI

Das kleine Back-1 x 1

Backofentemperaturen

Wenn nicht anders angegeben, beziehen sich Temperaturangaben auf Ober-/Unterhitze.

E-Herd		Umluft		Gasherd
150 Grad	=	120 Grad	=	Stufe 1
175 Grad	=	140 Grad	=	Stufe 2
200 Grad	=	160 Grad	=	Stufe 3
225 Grad	=	180 Grad	=	Stufe 4

Kniffe beim Abmessen

Zutat	1 gestr. TL	1 gestr. EL	1 geh. EL
Wasser	5 g	10 g	–
Milch	4 g	9 g	–
Honig	4 g	12 g	–
Butter	4 g	12 g	25 g
Zucker	5 g	15 g	20–25 g
Mehl	3 g	10 g	15–20 g
Salz	5 g	15 g	20–25 g

1 Prise = was zwischen Daumen und Zeigefinger passt
1 Messerspitze = 3 bis 4 Prisen
1 Spritzer = 4 bis 5 Tropfen
1 Tasse = 150 ml Flüssigkeit

Maßeinheiten

EL	=	Esslöffel
TL	=	Teelöffel
g	=	Gramm
kg	=	Kilogramm
1 kg	=	1.000 g
ml	=	Milliliter
cl	=	Zentiliter
l	=	Liter
1 cl	=	10 ml
1 l	=	1.000 ml
1/8 l	=	125 ml
1/4 l	=	250 ml
1/2 l	=	500 ml

Grundausstattung

Backblech(e), Messbecher, Küchenwaage, Rührschüsseln, Teigrolle, Schneebesen/ Handmixer, Backpapier

• • •

Mehl, Backpulver, Trockenhefe, Zucker, Vanillinzucker, Puderzucker, Honig, Kakao, Salz, Nüsse, Mandeln, Kuvertüre, Verzierung (Schokoladenstreusel, Zuckerperlen etc.)

Back-Ratgeber

Rund um den Teig

Mürbe-/Knetteig

Mürbeteig – oder auch Knetteig genannt – ist ein klassischer Plätzchenteig. Er ist einfach und schnell zuzubereiten und findet bei vielen Rezepten aus diesem Buch Verwendung. Bei der Zubereitung sollte man immer mit kühlen Zutaten arbeiten. Sind sie zu warm, wird der Teig klebrig und weich und lässt sich schwer weiterverarbeiten. Mit Mehl und Milch kann man die Konsistenz des Teiges regulieren: Ist der Teig zu trocken, einfach etwas Milch zugeben. Ist er dagegen zu weich, ein wenig Mehl einkneten.

Plunderteig

Plunderteig ist ein Hefeteig, der wie Blätterteig verarbeitet wird (siehe zum Beispiel Nusshörnchenrezept auf Seite 58). Anders als beim üblichen Hefeteig lässt man den Plunderteig nicht an einem warmen Ort gehen. Im Gegenteil: Während der Zubereitung wird der Teig immer wieder gekühlt.

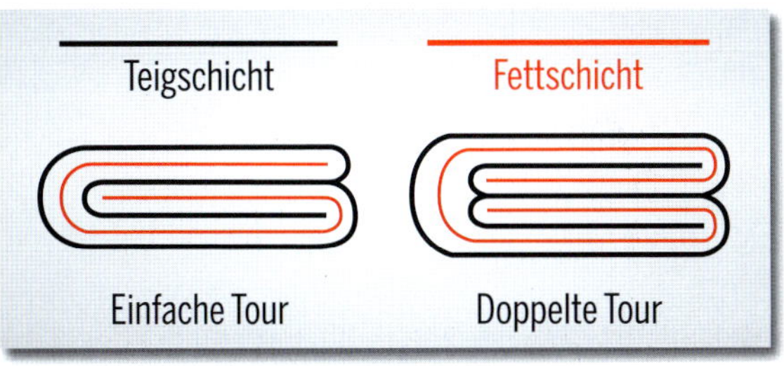

Und zwar zwischen den Falt- und Ausrollvorgängen, den sogenannten „Touren“. Dabei wird wie bei einem Blätterteig schichtweise Butter oder Margarine in den Teig eingearbeitet. Beim Backen treiben die einzelnen Schichten dann auf.

Eischneemasse

Eischnee besteht aus Eiweiß, das mit einem Handmixer steif geschlagen wird. Je frischer die Eier, desto einfacher lässt sich Eischnee herstellen. Wichtig: immer darauf achten, dass kein Fett (dazu gehört auch das Eigelb) an die Masse gerät, denn es ist ein echter „Eischnee-Killer“. Schon kleine Spuren von Fett verhindern, dass die Masse fest wird. Die sahneartige Masse ist dann fest genug, wenn ein Messerschnitt sichtbar bleibt. Eischnee zügig weiterverarbeiten, er fällt schnell ein und lässt sich nicht wieder steif schlagen. Sollen weitere Zutaten hinzugegeben werden – wie zum Beispiel beim Zimtsternrezept auf Seite 90 –, diese nur vorsichtig unterheben, nicht verrühren, sonst fällt die Masse in sich zusammen.

Tipps für die Zubereitung

Bemehlte Arbeitsfläche

Zum Bemehlen immer nur ganz wenig Mehl verwenden. Kommt zu viel Mehl an den Teig, wird er bröselig und kann schlecht weiterverarbeitet werden.

Teig ausrollen

Hierzu kann man Frischhaltefolie zu Hilfe nehmen. Legt man diese auf den Teig, können keine Teigreste an der Teigrolle kleben bleiben.

Rohe Teigplatten aufs Backblech bringen

Teigplatte um eine leicht bemehlte Teigrolle drehen und auf dem Backblech wieder auswickeln. Oder den Teig direkt auf dem Blech ausrollen. Eine Teigrolle mit Winkelgriffen (Foto) ist dazu am besten geeignet.

So kommt roher Teig unbeschadet aufs Blech

Plätzchen ausstechen

Beim Ausstechen bleiben oft Teigreste in den Förmchen hängen. Taucht man die Förmchen zwischendurch jedoch in heißes Wasser, lösen sich die ausgestochenen Figuren fast wie von selbst.

Plätzchen in mehreren Durchgängen backen

Jede Menge Plätzchen, aber nur ein Blech? Einfach einige Bogen Backpapier auf Blechgröße zurechtschneiden und nebeneinanderlegen. Alle ausgestochenen Plätzchen auf den Bogen verteilen. Zum Backen immer einen Bogen von der flachen Backblechseite auf das Blech ziehen.

Garprobe

Ob Plätzchen schon gar sind, ist manchmal schwierig abzuschätzen. Die einfachste Faustregel lautet: Plätzchen sollten im Backofen eine gelbliche bis goldene Färbung annehmen. Auch wenn sie dann noch weich sind, sollte man sie aus dem Ofen nehmen. Beim Auskühlen härtet das Gebäck meistens nach.

Auskühlen lassen

Plätzchen möglichst immer auf einem Kuchengitter auskühlen lassen. Ansonsten wird die Unterseite feucht und das Gebäck matschig.

Plätzchen kühlen am besten auf einem Gitter aus

Mandeln abziehen ist gar nicht so schwer

Dekorieren und Verzieren

Mandeln abziehen

Um Mandeln zu häuten, gibt man sie für wenige Minuten in kochendes Wasser. Dann in ein Sieb schütten und mit kaltem Wasser abspülen. Nun lassen sich die Mandeln ganz einfach aus ihrer Haut drücken.

Nüsse abziehen

Geknackte Nüsse haben noch eine dünne Haut um die Kerne. Sie werden auf einem mit Backpapier belegten Backblech bei 130 Grad so lange erhitzt, bis die Haut brüchig wird, also feine Risse bekommt. Die noch heißen Nüsse in ein sauberes Küchentuch geben und kräftig reiben, bis die Haut abgeblättert ist.

Kräftiges Aroma

Wer den Geschmack von Nüssen oder Mandeln – egal ob in ganzer Form, gehackt oder gemahlen – intensivieren möchte, sollte sie vor der Verarbeitung in einer Pfanne ohne Fett leicht anrösten. Danach gut auskühlen lassen!

Schokolade raspeln
Um Schokolade leichter raspeln zu können, sollte sie vorher im Kühlschrank oder kurz im Eisfach gekühlt werden. Damit sie beim Reiben zwischen den Fingern nicht schmilzt und verrutscht, mit dem Verpackungspapier oder etwas Alufolie festhalten.

Kuvertüre
Um Schokolade in eine cremige Flüssigkeit zu verwandeln, schmilzt man sie in einem Wasserbad. Dazu in einem großen Topf Wasser erhitzen. Bei schwacher Hitze ein kleineres, hitzebeständiges Gefäß ins Wasser stellen oder über den Topf hängen. Schokolade grob hacken und in das kleine Gefäß geben. Unter stetigem Rühren schmelzen lassen. Darauf achten, dass kein Wasser an die Schokolade gelangt. Sonst gerinnt die Glasur. Für einen noch schöneren Glanz: Schokolade wieder abkühlen lassen und nochmals vorsichtig erwärmen.

Glasuren auftragen
Glasuren dürfen nicht zu zäh und nicht zu dünn sein und müssen vor allem gleichmäßig aufgetragen werden, am besten mit einem Backpinsel. Will man das Gebäck oder das Konfekt vollständig glasieren, kann man es auch mit einer Gabel oder – wenn vorhanden – mit einer feinen Pralinengabel vollständig in die Glasur tauchen. Abtropfen und gut trocknen lassen.

Dank Wasserbad brennt Kuvertüre nicht an

Zuckerglasur
Für eine Zuckerglasur 200 Gramm Puderzucker fein sieben. Wer möchte, mischt noch etwas Kakao- oder Instantkaffeepulver unter den Zucker. Das Ganze mit drei Esslöffel Flüssigkeit (je nach Geschmack mit Wasser, Zitronensaft, Fruchtsaft oder Likör) verrühren, bis der Guss glatt ist. Bunter wird es mit Lebensmittelfarbe.

Mit einem Backpinsel lässt sich Glasur gezielt auftragen

Eiweißglasur
200 Gramm Puderzucker sieben. Ein Ei trennen, das Eigelb wird nicht gebraucht. Das Eiweiß schaumig schlagen und den Puderzucker löffelweise unterrühren. Eventuell mit ein paar Tropfen Lebensmittelfarbe einfärben. Die Masse so lange steif schlagen, bis sie so fest ist, dass sie Spitzen bildet. Diese Glasur eignet sich besonders gut zum Spritzen. Dazu den Guss in Pergamentpapiertütchen oder in einen Spritzbeutel mit kleiner Tülle füllen und nach Belieben Muster zeichnen.

Streusel und Co.
Damit Verzierungen wie Streusel, Zuckerperlen und Co. auch halten, auf die ausgekühlten Plätzchen die gewünschte Glasur auftragen. Dann die Verzierung auf den noch feuchten Guss streuen und trocknen lassen.

Schokospäne

Schokolade im Wasserbad erhitzen (siehe Seite 9). Flüssige Schokolade auf eine glatte Fläche gießen und erstarren lassen. Mit einem Spachtel zu Spänen schaben.

Marzipandekor

Rohmarzipan im Verhältnis zwei zu eins mit Puderzucker verkneten. Gegebenenfalls mit Lebensmittelfarbe einfärben (gut unterkneten). Aus der ausgerollten Masse können Blüten, Blätter und Figuren ausgestochen oder geformt werden.

Schokogewand

Wenn Sie die Plätzchen auf besondere Weise verzieren möchten, können Sie zum Beispiel Haselnüsse, Rosinen, Mandeln, Krokant oder Pistazien in Schokolade tauchen und nach dem Abkühlen auf das Gebäck kleben. Dazu die jeweilige Zutat mithilfe einer Gabel in flüssige Schokolade tauchen, abtropfen und gut trocknen lassen. Danach mit Guss- oder Eiweißmasse befestigen.

Marzipan als vielseitiges Dekor

Leckereien auf Vorrat

Gerade zur Weihnachtszeit bereitet man Plätzchen schon Wochen vor dem Fest zu. Damit sie bis zu den Feiertagen lecker bleiben, muss man sie richtig lagern. Am besten in einer Blechdose. Grundsätzlich gilt: Gebäck vollständig auskühlen lassen, bevor man es in einen Behälter gibt. Und dann an einem kühlen und trockenen Ort aufbewahren.

Sollen die Plätzchen knusprig bleiben, muss die Dose gut verschlossen werden. Muss das Gebäck dagegen erst weich werden (zum Beispiel Lebkuchen), so lange unverschlossen liegen lassen, bis es die gewünschte Konsistenz erreicht hat. Danach in eine Dose füllen und den Deckel lose auflegen. Eine Scheibe Brot dazulegen, das hält die Plätzchen weich.

Prinzipiell können mehrere Sorten Plätzchen in einer Dose aufbewahrt werden. Allerdings sollte man zwischen die Schichten je eine Lage Pergamentpapier legen. Stark gewürzte Plätzchen lieber gesondert verpacken, sie geben sonst Geschmack an das andere Gebäck ab.

Pergamentpapier schützt Plätzchen und Glasur

Plätzchenbacken macht (nicht nur) Kindern viel Freude – besonders natürlich in der Weihnachtszeit

Butterplätzchen

So fein, so lecker – und so einfach kann Plätzchenbacken sein. Wichtig bei einem Mürbeteig ist, dass die Zutaten nicht zu warm sind und der fertige Teig für eine gewisse Zeit kühl gestellt wird. Nur so wird er nicht brüchig, lässt sich gut formen, und das Gebäck kommt schön knackig aus dem Backofen. Eine besonders aromatische Geschmackskomponente liefert bei diesem Rezept der natürliche braune Rohrzucker, aber auch mit weißem Zucker schmecken die Kekse nach mehr ...

ZUTATEN

(für ca. 70 Stück)

375 g Mehl
200 g Rohrzucker
1 Päckchen Vanillinzucker
250 g Butter

Ausstechförmchen

1

Mehl, Rohrzucker und Vanillinzucker in eine Rührschüssel geben. Die Butter in kleinen Stückchen hinzufügen.

2

Mit den Knethaken des Mixers die Zutaten zunächst langsam, dann auf höchster Stufe gut vermischen. Wenn der Teig zu krümelig bleibt, evtl. ein bis zwei Esslöffel Wasser zugeben.

3

Auf einer bemehlten Arbeitsfläche den Teig mit den Händen kräftig durchkneten. Teigkugel in Klarsichtfolie wickeln und für circa eine Stunde in den Kühlschrank stellen.

4

Teig portionsweise mit einem Nudelholz auf der bemehlten Arbeitsfläche circa einen halben Zentimeter dick ausrollen. Falls er zu sehr anklebt, das Nudelholz ebenfalls mit Mehl bestäuben.

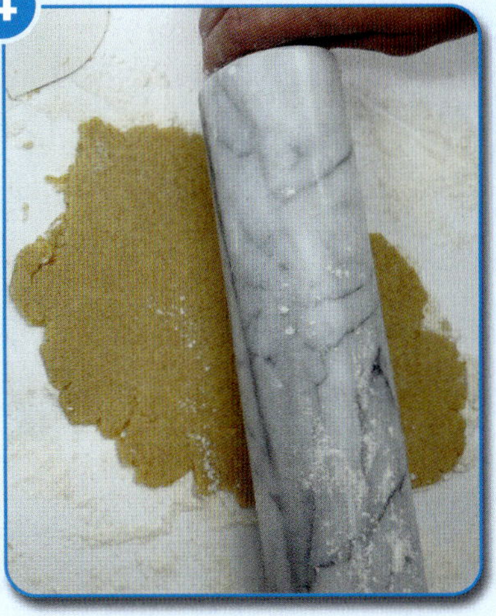

5

Den Backofen auf 160 Grad vorheizen. Mit Ausstechförmchen nach Wahl Kekse ausstechen und auf ein mit Backpapier belegtes Backblech setzen.

6

Bei 160 Grad (Umluft) sind die Kekse in circa zehn Minuten fertig gebacken. Sie sollen hellbraun werden. Wer mag, bestreut sie noch heiß mit zusätzlichem Rohrzucker.

Chocolate-Chip-Cookies

Die amerikanische Keks-Version ist wie so vieles in den USA ein bisschen größer, kerniger und üppiger als die feinen Plätzchen, die in „good old Germany" bekannt sind. Der Klassiker unter den Cookies, bei dem auch das Krümelmonster aus der Sesamstraße kein Halten mehr kennt, ist die Variante mit Schokostückchen. Wer die Kekse gerne weicher mag, backt sie direkt aus dem fertigen Teig. Mehr Biss bekommen sie, wenn der Cookie-Teig vor dem Backen tiefgefroren wird.

ZUTATEN

(für ca. 30 Stück)

400 g Mehl
280 g brauner Zucker
1 TL Bourbon-Vanillezucker
1 TL Natron
1 TL Salz
200 g weiche Butter
2 Eier
150 g Zartbitterschokoladentropfen

1

Zucker und weiche Butter in einer Schüssel mit dem Mixer gut verrühren. Nacheinander die beiden Eier zugeben und unterrühren.

2

Mehl, Salz, Natron und Bourbon-Vanillezucker werden in einer zweiten Schüssel oder einem Messbecher vorsichtig vermischt.

3

Alles zu der Buttermischung geben und unterrühren, bis keine Mehlspuren mehr zu sehen sind.

4

Schokoladentropfen nur kurz unter den Teig rühren. Zu langes Rühren lässt die Cookies später zäh werden.

5

Ein Backblech mit Backpapier auslegen. Entweder den fertigen Teig esslöffelweise mit Abstand auf das Backblech setzen oder …

6

… den Teig für 30 Minuten kühl stellen. Dann zu fünf Zentimeter dicken Rollen formen, in Frischhaltefolie wickeln. Im Gefrierfach circa 30 Minuten einfrieren.

7

Danach die Teigrollen mit einem Messer in gut ein Zentimeter dicke Scheiben schneiden.

8

Backen (für beide Varianten): Kekse bei 160 Grad (Umluft) circa 20 Minuten backen, bis die Ränder hellbraun sind.

Haferflockenplätzchen

Haferflocken sind ein Grundnahrungsmittel und sättigen aufgrund ihres hohen Kohlenhydratgehalts gut. Wenn das kein schlagendes Argument ist, aus ihnen auch noch köstliche Plätzchen zu backen. Wer sie etwas weicher mag, nimmt zarte Haferflocken, kräftiger und nussiger in Konsistenz und Geschmack wird das Gebäck mit kernigen Flocken aus dem ganzen Haferkorn. Nach Belieben können die fertigen Plätzchen noch mit geschmolzener Kuvertüre verziert werden.

ZUTATEN

(für ca. 25 Stück)

50 g Mehl
75 g Zucker
125 g Haferflocken
1 TL Backpulver
3-5 Tropfen Bittermandelöl
75 g Butter
1 Ei

1

Butter in einer Pfanne zerlassen, die Haferflocken darin unter Rühren leicht anbräunen. Zum Schluss einen Esslöffel von dem Zucker unterrühren. Masse abkühlen lassen.

2

Das Ei in eine Schüssel aufschlagen und kräftig mit einem Schneebesen schaumig rühren. Restlichen Zucker und Bittermandelöl hinzufügen.

3

Alles so lange mit dem Schneebesen verquirlen, bis eine dicke, cremige Masse entstanden ist.

4

Mit einem Kochlöffel das mit Backpulver gemischte Mehl und die abgekühlte Haferflockenmasse unterheben, bis alles gut vermengt ist. Backofen auf 180 Grad vorheizen.

5

Mithilfe von zwei Teelöffeln den Teig in walnussgroßen Häufchen mit etwas Abstand zueinander auf ein mit Backpapier ausgelegtes Backblech setzen.

6

Plätzchen bei 180 Grad circa zwölf bis 15 Minuten backen. Auf einem Kuchengitter abkühlen lassen. In gut schließenden Blechdosen aufbewahrt, halten sie sich längere Zeit frisch.

Spritzgebäck

Diese Plätzchen gehören traditionell auf jeden Weihnachtsteller. Durch die häufig verwendete S-Form werden sie auch „S-Gebäck" genannt. Besonders lecker schmecken die süßen Mürbeteigkekse, wenn man die Enden nach dem Auskühlen in flüssige Schokolade taucht. Eine schöne Variante für Kinder: bunte Zuckerstreusel auf die noch feuchte Schokolade streuen. Oder den eigenen Namen backen. Für Form und Verzierung gibt es wie immer zahlreiche Varianten. In einer Plätzchendose hält sich das Gebäck einige Wochen frisch.

ZUTATEN

(für ca. 35 Stück)

200 g Mehl
100 g Zucker
100 g Speisestärke
200 g weiche Butter
8 EL Milch
1 Ei

Spritzbeutel mit Rosetten- oder Sterntülle

1

Butter in eine Schüssel geben und cremig rühren. Den Zucker und das Ei zugeben und weiterrühren, bis die Masse schaumig wird.

2

Die Milch zugeben und unterrühren.

3

Das Mehl zusammen mit der Speisestärke darübersieben und unterrühren. Den Teig circa 30 Minuten kühl stellen. Backblech mit Backpapier belegen.

4

Den Teig in einen Spritzbeutel mit Rosetten- oder Sterntülle füllen. Backofen auf 190 Grad (Ober-/Unterhitze) vorheizen.

5

Den Spritzbeutel oben zusammendrehen und den Teig dabei etwas nach unten schieben.

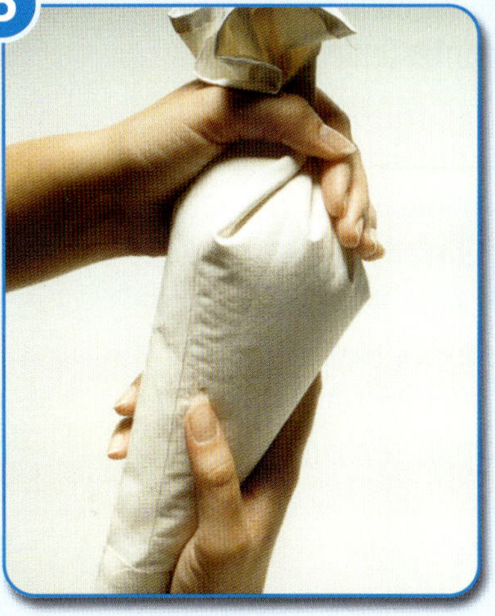

6

Den Teig in Ringen, S-Form, Tupfen oder Ähnlichem auf das Backblech spritzen. Im vorgeheizten Ofen circa zehn Minuten backen.

Schwarz-Weiß-Gebäck

Leckerer Mürbeteig hübsch gestaltet: Die Hälfte des hellen Grundteigs wird mit Kakao und Sahne in einem satten Schokoladenton gefärbt. Aus den beiden verschiedenfarbigen Teigteilen kann man die unterschiedlichsten Muster fabrizieren – hier zum Beispiel das Schachbrett. Beliebt ist auch das Spiralmuster: beide Teige aufeinanderlegen, zu einer drei bis fünf Zentimeter dicken Rolle drehen und vor dem Backen in Scheiben schneiden.

ZUTATEN

(für ca. 30 Stück)

300 g Mehl
150 g Zucker
1 Päckchen Vanillinzucker
2 EL Kakaopulver
200 g Butter
2 EL Sahne
2 Eigelb

Hilfsleiste zum Ausrollen (1 cm dick)

1

Mehl, Zucker, Butter, Vanillinzucker und Eigelb zu einem Teig verkneten. Teigmenge halbieren, unter eine Hälfte des Teigs Kakao und Sahne mischen.

2

Teigstücke in Folie wickeln, zwei Stunden kalt stellen. Etwa 80 Gramm vom weißen Teig auf bemehlter Arbeitsfläche circa drei Millimeter dünn ausrollen.

3

Den restlichen hellen sowie den dunklen Teig jeweils ein Zentimeter dick ausrollen. Dazu den Teig zwischen den Leisten ausrollen, bis er die gleiche Höhe hat.

4

Dann den ausgerollten hellen und dunklen Teig in je ein Zentimeter breite Streifen schneiden.

5

Je neun Streifen im Schachbrettmuster neben- und aufeinanderlegen. Dann die Enden gerade abschneiden und den Block auf den zuvor ausgerollten hellen Teig legen.

6

Den hellen Teig passend zurechtschneiden, den zusammengesetzten Teig darin einwickeln. Gut andrücken, in Folie wickeln und eine halbe Stunde kalt stellen.

7

Den Backofen auf 180 Grad (Umluft) vorheizen und ein Backblech mit Backpapier belegen. Den Teig in einen halben Zentimeter dicke Scheiben schneiden.

8

Teigscheiben auf das Backblech setzen. Im vorgeheizten Backofen zehn bis 15 Minuten backen. Vom Blech nehmen und auskühlen lassen.

Heidesand

ZUTATEN

(für ca. 50 Stück)

Für den Teig:
400 g Mehl
75 g Zucker
50 g Puderzucker
125 g gemahlene Mandeln
1 Päckchen Vanillinzucker
250 g weiche Butter
Sahne (nach Bedarf)

Zum Wälzen:
ca. 150 g Zucker
1 Messerspitze Vanillemark

Ein sandig helles Teegebäck mit feiner Butternote – das alte niedersächsische Rezept hat seinen Platz in den klassischen Backbüchern gefunden. Als süßer Snack zum Kaffee oder Tee oder auch zum Naschen vorm Fernseher ist das feine Gebäck sehr beliebt. Tipp für die Zubereitung: die sandfarbenen Plätzchen im Ofen nicht braun werden lassen. Und erst vom Blech nehmen, wenn die Plätzchen ein wenig ausgekühlt sind. Dann ist das Gebäck fest und zerbricht nicht mehr so leicht.

1

Den Backofen auf 150 Grad (Ober-/ Unterhitze) vorheizen. Die weiche Butter und die übrigen Zutaten bereitstellen.

2

Die Butter schaumig rühren.

3

Den Zucker und den Vanillinzucker einrieseln lassen und den Puderzucker einsieben. Die Masse cremig rühren.

4

Die Mandeln und etwas Mehl zugeben, mit dem Rührlöffel zügig unterarbeiten. Nur so viel Mehl einarbeiten, dass der Teig nicht mehr klebt und leicht formbar ist.

5

Falls zu viel Mehl im Teig ist, etwas Sahne unterrühren. Kleine, walnussgroße Stücke abstechen und mit bemehlten Händen zu Kugeln rollen.

6

Die Teigkugeln auf ein mit Backpapier belegtes Backblech setzen. Flach drücken, in den vorgeheizten Ofen schieben und circa 18 bis 20 Minuten backen.

7

Den Zucker und das Vanillemark in einer Schüssel mischen.

8

Die goldgelb gebackenen und noch warmen Plätzchen in der Zuckermischung vorsichtig wälzen. Auf einem Kuchengitter auskühlen lassen.

Bärentatzen

ZUTATEN

(für ca. 30 Stück)

250 g Zucker
250 g Mandeln
125 g Zartbitterschokolade
1/2 TL Zimtpulver
1 Prise gemahlene Nelken
1 Prise gemahlener Kardamom
2 EL Kakaopulver
1/2 TL abgeriebene Zitronenschale
3 Eiweiß

spezielle Förmchen oder
Bärentatzen-Backblech

Für das Gebäck in Bärentatzenform benötigt man spezielle Förmchen oder ein Bärentatzen-Backblech (auch „Madeleine-Backblech" genannt). Das gibt es schon für ein paar Euro zu kaufen, in jedem Haushaltswarenladen oder z. B. auch bei Amazon. Bei der Zubereitung sollte man ein bisschen Zeit einplanen, da der Teig über Nacht ruhen muss. Wer es besonders süß mag, kann die oberen, spitzen Enden der Plätzchen noch in flüssige Kuvertüre tauchen (gut trocknen lassen) oder sie nach dem Backen mit Puderzucker bestäuben. Bärentatzen eignen sich nicht für eine lange Aufbewahrung und sollten daher innerhalb weniger Tage verzehrt werden.

1

Die Schokolade mit einem großen Messer in grobe Stücke zerteilen. Mandeln bereitstellen.

2

Schokolade und Mandeln mischen und in der Küchenmaschine zusammen fein mahlen.

3

Eiweiß steif schlagen, nach und nach den Zucker einrieseln lassen und weiterschlagen, bis die Masse weiß glänzend ist.

4

Schoko-Mandel-Mischung mit den Gewürzen, dem Kakao und der abgeriebenen Zitronenschale unter den Eischnee heben.

5

Von der Masse mit einem Löffel walnussgroße Kugeln abstechen. Förmchen mit Zucker ausstreuen.

6

Die Teigkugeln in gezuckerte Bärentatzen-Förmchen drücken, auf ein mit Backpapier belegtes Blech stürzen und über Nacht trocknen lassen.

7

Am nächsten Tag im vorgeheizten Ofen bei 180 Grad (Ober-/Unterhitze) circa 15 Minuten backen.

8

Bärentatzen auf einem Kuchengitter auskühlen lassen.

Linzer Plätzchen

Die rautenförmigen Plätzchen haben wegen des Weizenvollkornmehls die Bezeichnung „vollwertig“ absolut verdient. Durch ihren hohen Anteil an gesunden Kohlenhydraten und Ballaststoffen sorgen sie für ein gewisses Sättigungsgefühl – ideal für den kleinen süßen Hunger zwischendurch. Die Johannisbeerkonfitüre als Füllung gibt eine leichte und fruchtige Note, sodass das Gebäck nicht trocken schmeckt. Natürlich kann auch andere Konfitüre genommen werden.

ZUTATEN

(für ca. 30 Stück)

Für den Teig:	**Für die Füllung:**
200 g Weizenvollkornmehl	80 g Johannisbeerkonfitüre
50 g Fruchtzucker	
50 g gemahlene Haselnüsse	Puderzucker zum
1 TL Backpulver	Bestäuben
1 Messerspitze gemahlene	neutrales Öl
Nelken	für das Backblech
1 Messerspitze Zimtpulver	
125 g weiche Butter	Ausstechform
1 Ei	(z. B. rautenförmige)

Weiche Butter in eine Schüssel geben und schaumig rühren. Das Ei, den Fruchtzucker, die gemahlenen Nüsse, Mehl, Backpulver und Gewürze zugeben und zu einem festen Teig verarbeiten.

1

Mit den Händen auf einer bemehlten Arbeitsfläche kurz durchkneten. Den Teig in Folie wickeln und eine Stunde in den Kühlschrank stellen.

2

Teig auf bemehlter Fläche circa vier Millimeter dick ausrollen. Mithilfe der Form Plätzchen ausstechen. Ofen auf 180 Grad (Umluft) vorheizen. Ein Backblech mit Öl bepinseln …

3

… und Plätzchen darauflegen. Auf mittlerer Schiene circa zwölf Minuten goldbraun backen. Herausnehmen, vom Blech lösen und auf ein Kuchengitter setzen.

4

Noch heiß jeweils ein Plätzchen auf der Unterseite mit etwas Konfitüre bestreichen und ein zweites Plätzchen daraufdrücken.

5

Auf einem Kuchengitter auskühlen lassen. Mit Puderzucker bestäuben.

6

Schokoladenkekse

Schokolade mag jeder! Deshalb gelten diese Plätzchen als die Klassiker schlechthin. Vor allem sind sie schnell und einfach zubereitet. Natürlich kann beliebig variiert werden, der süßen Versuchung sind keine Grenzen gesetzt. Weiße, Nuss- oder Vollmilchschokolade – jeder kann selbst die köstlichsten Mischungen ausprobieren. Wer allerdings einige Kalorien sparen möchte, der sollte sich für eine stark kakaohaltige Sorte entscheiden. Je höher der Kakaoanteil, desto weniger Fett ist in der Schokolade enthalten.

ZUTATEN

(für ca. 35-40 Stück)

200 g Mehl
100 g Zucker
75 g gehackte Haselnüsse
75 g gehackte Zartbitterschokolade
200 g Butter
1 Ei

1

Die Butter in einen Topf geben und langsam erhitzen. Topf vom Herd nehmen und den entstandenen Schaum mit einem Löffel von der Oberfläche abschöpfen.

2

Die geklärte Butter vorsichtig in eine Schüssel füllen und die abgesetzte Molke im Topf zurücklassen. Die flüssige Butter abkühlen lassen.

3

Das Ei mit dem Zucker schaumig schlagen.
Das Mehl darübersieben.

4

Haselnüsse, geklärte Butter und Schokolade unterkneten. Ist der Teig noch klebrig, etwas Mehl zugeben. Abgedeckt circa eine Stunde kalt stellen. Ofen auf 180 Grad (Umluft) vorheizen.

5

Blech mit Papier auslegen. Vom Teig kleine Portionen abstechen, daraus Kugeln formen, flach drücken und auf dem Blech im Abstand von gut einem Zentimeter nebeneinanderlegen.

6

Plätzchen im vorgeheizten Backofen zehn bis 15 Minuten backen. Vorsichtig mit einem Messer vom Blech nehmen und auf einem Kuchengitter auskühlen lassen.

Krokantplätzchen

Knuspriger und unwiderstehlich süßer Knabberspaß zu einer Tasse Tee oder Kaffee und ganz schnell gemacht, falls einmal unerwartete Gäste kommen. Das feine Gebäck lässt sich auch variieren, wenn man z. B. statt der Mandeln Haselnüsse verwendet oder nach Geschmack noch etwas fein gehacktes Orangeat oder Zitronat zugibt. Am besten die Plätzchen ganz frisch verzehren. Bei längerer Aufbewahrung verlieren sie sonst ihren Biss und werden zu weich.

ZUTATEN

(für ca. 35 Stück)

6 EL Mehl
230 g Zucker
100 g fein gehackte Mandeln
1/2 Fläschchen Butter-Vanille-Aroma
100 g Butter
4 EL Sahne

1

Butter in einen Topf geben und auf dem Herd bei kleiner Hitze schmelzen lassen. Die Butter darf nicht bräunen.

2

Topf von der Kochplatte ziehen und Mehl, Zucker, Mandeln, Butter-Vanille-Aroma und Sahne zugeben.

3

Alle Zutaten im Topf mit einem Kochlöffel zu einer geschmeidigen Masse verrühren. Backofen auf 190 Grad (Ober-/Unterhitze) vorheizen.

4

Mit einem Teelöffel den Teig portionsweise auf ein mit Backpapier ausgelegtes Backblech setzen, dabei großzügig Abstand lassen.

5

Plätzchen in circa fünf bis acht Minuten fertig backen. Die Ränder sollten hellbraun, die Mitte goldgelb werden. Kurz auf dem Blech abkühlen lassen, bis die Plätzchen fest sind.

6

Mit einer breiten Streichpalette oder einem Pfannenwender das fertige Gebäck zum endgültigen Auskühlen auf ein Kuchengitter legen.

Schokoladen-Macarons

Macarons sind ein Gebäck aus Eischnee, Zucker und Mandeln. Dieses Gebäck kennt man seit dem 17. Jahrhundert auch in Deutschland. Aus ihnen sind später die Kokosmakronen (siehe Rezept Seite 96) entstanden. Diese schokoladige Variante mit der cremigen Füllung ist rund ums Jahr eine Bereicherung für die Plätzchendose – vor allem, wenn man die Schablonenmotive variiert.

ZUTATEN

(für ca. 30 Stück)

Für den Teig:	Für die Füllung:
3-4 EL Mehl	150 g dunkle Schokolade (70 % Kakaogehalt)
250 g sehr feiner Zucker	20 g Butter
200 g gemahlene Mandeln	80 g Sahne
2 TL Kakaopulver	Kakao zum Bestäuben
4 Eiweiß	
	Spritzbeutel mit großer Tülle, Herzschablone

1 Den Ofen auf 130 Grad (Ober-/ Unterhitze) vorheizen. Dann das Mehl mit den Mandeln und dem Kakao in einer Schüssel mischen.

2 Eiweiß separat zu sehr steifem Schnee schlagen. Zucker nach und nach einrieseln lassen. Weiterschlagen, bis eine schnittfeste, glänzende Masse entsteht.

3 Die Mandel-Mehl-Mischung vorsichtig unterheben. Die Masse in den Spritzbeutel oder alternativ in einen Gefrierbeutel füllen. Blech mit Backpapier auslegen.

4 Halbkugeln mit circa zwei Zentimeter Durchmesser aufspritzen. Im vorgeheizten Ofen circa 40 Minuten backen, Backofentür dabei etwas geöffnet lassen.

5 Für die Füllung Schokolade klein hacken, im Wasserbad schmelzen. Sahne steif schlagen, mit Butter (in kleinen Stückchen) unter die Schokolade rühren.

6 Schokoladenmasse auskühlen lassen, dann die Sahne unterheben. Die Hälfte der Macarons mit der Füllung bestreichen.

7 Anschließend die bestrichenen mit den übrigen Macarons zusammensetzen.

8 Mit Herzschablonen belegen und mit Kakao bestäuben, anschließend die Schablonen wieder abheben.

Erdnussbutter-Cookies

Keks ist für dieses Gebäck eine zu niedliche Beschreibung – einer der üppigen Cookies genügt mit einem Glas Milch schon als Zwischenmahlzeit. Der typische Geschmack der amerikanischen Plätzchen entsteht durch die in den USA sehr beliebte Erdnusscreme. Zum Schluss aufgestreute, ungesalzene (!) Erdnusskerne runden den Genuss ab. Die Kekse sind ziemlich weich, wer sie etwas knackiger mag, verwendet einfach Erdnusscreme mit Erdnussstückchen.

ZUTATEN

(für ca. 20 Stück)

150 g Mehl
200 g brauner Zucker
1/2 TL Bourbon-Vanillezucker
1/2 TL Natron
1/4 TL Salz
180 g weiche Butter
250 g Erdnusscreme
1 Ei
ungesalzene Erdnüsse

2 Backbleche

1

Die weiche Butter zusammen mit dem braunen Zucker in eine Schüssel geben und schaumig rühren.

2

Nacheinander das Ei und die Erdnusscreme dazugeben und alles zu einer weichen Masse verrühren.

3

In einer zweiten Schüssel die trockenen Zutaten Mehl, Natron, Salz und Vanillezucker mit einem Schneebesen oder Kochlöffel vorsichtig vermischen.

4

Mehlmischung zu der Buttermasse schütten und alles zu einem geschmeidigen, weichen Teig verrühren.

5

Um ihn besser verarbeiten zu können, muss der Cookie-Teig eine Stunde im Kühlschrank ruhen. In der Zwischenzeit zwei Backbleche mit Backpapier auslegen.

6

Mit einem Esslöffel Teigportionen abstechen, zwischen den Händen zu Kugeln rollen und mit etwas Abstand zueinander auf zwei Backbleche verteilen.

7

Die Teigkugeln werden mit einer Gabel etwas flach gedrückt, was ein schönes Muster ergibt. Erdnüsse aufstreuen.

8

Cookies im Ofen bei 160 Grad (Umluft) circa 15 bis 20 Minuten backen, bis die Ränder hellbraun sind. Mit Backpapier zum Auskühlen auf ein Kuchengitter ziehen.

Mandelkekse

Beliebt sind Mandeln zum einen aufgrund ihres typisch feinherben Aromas, zum anderen aber auch wegen des guten Rufs ihrer Inhaltsstoffe. Ein hoher Anteil an Folsäure und Proteinen sowie ihre cholesterinsenkende Wirkung weisen die Steinfrucht als wertvolle Zutat aus. 20 Mandeln am Tag – so sagt man – senken unter anderem das Herzerkrankungsrisiko um die Hälfte. Aber Gesundheit hin oder her, Mandelkekse schmecken einfach herrlich zu kalter Milch oder einer Tasse Kaffee oder Tee ...

ZUTATEN

(für ca. 35-40 Stück)

150 g Mehl
120 g Zucker
200 g gehackte Mandeln
1 Päckchen Vanillinzucker
1 Messerspitze gemahlener Zimt
100 g geschmolzene Butter
1 Ei

1

Die Mandeln in einer Pfanne ohne Öl anrösten und wieder abkühlen lassen.

2

Das Ei mit der geschmolzenen Butter, dem Zucker und Vanillinzucker schaumig rühren.

3

Mehl darüber-sieben und den Zimt zugeben. Die gerösteten Mandeln hinzufügen. Masse mit den Händen zu einem geschmeidigen Teig verkneten.

4

Den Backofen auf 160 Grad (Umluft) vorheizen.

5

Aus dem Teig circa vier Zentimeter lange Röllchen formen.

6

Teigröllchen auf ein mit Backpapier belegtes Backblech legen. Im vorgeheizten Ofen circa 20 Minuten backen. Vorsichtig vom Blech nehmen und auskühlen lassen.

Cantuccini

Sie gehören zu Italien wie Pizza und Spaghetti – die knusprigen, harten Mandelkekse aus der Toskana. Sie werden klassischerweise in süßen Dessertwein (Vin Santo) getunkt, um sie aufzuweichen. Aber auch zu einer guten Tasse Kaffee oder Tee sind sie einfach unwiderstehlich und wecken Urlaubsgefühle. Cantuccini werden doppelt gebacken – einmal als Rolle und danach noch mal scheibenweise. Das macht sie besonders haltbar. In luftdichten Dosen aufbewahrt bleiben sie lange frisch.

ZUTATEN

(für ca. 50 Stück)

250 g Mehl
175 g Zucker
200 g ganze Mandeln
1 TL Backpulver
1/2 Fläschchen Bittermandelöl
2 EL Orangensaft
30 g Butter
2 Eier

1

Mehl, Backpulver, Zucker und Bittermandelöl in eine Schüssel geben und vorsichtig mit einem Kochlöffel vermischen.

2

Butter in Stückchen, die Eier und zwei Esslöffel Orangensaft hinzufügen. Alles mit den Knethaken des Mixers zu einem glatten Teig verkneten.

3

Die Mandeln zum Teig geben und ebenfalls unterrühren. Gegebenenfalls mit bemehlten Händen noch etwas nachkneten. Die Masse wird sehr klebrig.

4

Den Teig auf einer bemehlten Arbeitsfläche zu fünf gleich großen Rollen formen. Diese mit Mehl bestäuben und 30 Minuten in den Kühlschrank stellen.

5

Backofen auf 180 Grad vorheizen. Teigrollen aus dem Kühlschrank nehmen. Mit Abstand auf ein mit Backpapier ausgelegtes Backblech legen.

6

Bei 180 Grad (Umluft) 15 Minuten backen. Aus dem Ofen nehmen, etwas abkühlen lassen und dann in circa zwei Zentimeter dicke, schräge Scheiben schneiden.

7

Scheiben erneut auf das Backblech legen und bei 160 Grad (Umluft) nochmals 15 Minuten backen.

8

Die fertigen Cantuccini gut auskühlen lassen und dann in einer fest schließenden Blechdose aufbewahren.

Amaretti

Der Name der kleinen krossen Gebäckteilchen hat seinen Ursprung in dem italienischen Wort „amaro" (bitter) und verweist auf das Bittermandelöl in der Zutatenliste – verantwortlich für das typische Aroma. Umstritten jedoch ist die Herkunft des beliebten Gebäcks. Spekuliert wird, dass das Rezept aus Sizilien stammt, wo besonders viele Bittermandelbäume wachsen. In Italien, vor allem in den nördlichen Regionen, sind Mandelmakronen allgegenwärtig. Wer dort in einer Bar einen Espresso bestellt, wird dazu in der Regel auch Amaretti gereicht bekommen.

ZUTATEN

(für ca. 50 Stück)

1 EL Mehl
100 g Zucker
200 g gemahlene, abgezogene Mandeln
1/2 TL Bittermandelöl
2 Eiweiß

Puderzucker zum Bestäuben

Spritzbeutel mit Lochtülle

1

Backofen auf 150 Grad (Ober-/ Unterhitze) vorheizen. Das Eiweiß mit dem Zucker zu einem sehr steifen Schnee schlagen, bis die Masse weiß glänzend und schnittfest ist.

2

Die Mandeln mit dem Bittermandelöl mischen. Die Mandelmischung vorsichtig unter den Eischnee heben.

3

Zuletzt das Mehl hinzufügen und vorsichtig unterrühren.

4

Die Masse in den Spritzbeutel füllen. Mit etwas Abstand zueinander 40 bis 50 Tupfen auf ein mit Backpapier belegtes und leicht bemehltes Backblech spritzen.

5

Mit Puderzucker bestäuben. Im Ofen bei 130 Grad circa 15 Minuten backen. Dabei die Backofentür einen Spalt geöffnet lassen.

6

Anschließend den Ofen auf 80 Grad zurückschalten. Die Plätzchen 30 Minuten trocknen und auf einem Kuchengitter auskühlen lassen.

Florentiner Plätzchen

Traditionelle Florentiner sind rund und etwa handtellergroß. Die kleinere Variante wird „Florentiner Plätzchen" genannt. Ihren typischen Geschmack erhalten die Florentiner Plätzchen durch kandierte Früchte. Man kann Orangeat, Zitronat oder (wie hier) kandierte Kirschen verwenden. Oft werden die aus Florenz stammenden Plätzchen nach dem Auskühlen noch mit der Unterseite in flüssige Schokolade getaucht (gut trocknen lassen!).

ZUTATEN

(für ca. 20 Stück)

175 g Zucker
200 g Mandelblättchen
75 g gehackte kandierte Kirschen
75 g Honig
100 g Butter
150 g Sahne
ggf. 200 g Zartbitterkuvertüre

ggf. Garnierringe

1

Honig, Butter, Sahne und Zucker in einem Topf unter Rühren bei mittlerer Hitze circa fünf Minuten köcheln lassen.

2

Mandelblättchen und die kandierten Kirschen unter die Masse rühren.

3

Das Ganze nochmals fünf bis sieben Minuten köcheln lassen. Den Backofen auf 200 Grad (Ober-/Unterhitze) vorheizen.

4

Die Florentinermasse circa einen Zentimeter dick in Klecksen auf ein mit Backpapier belegtes Backblech streichen (mit Abstand zueinander).

5

Garnierringe außen herum stellen und die Kleckse zum Rand hin auffüllen. Wer keine Ringe zur Hand hat, formt die Kleckse frei aus. Im Ofen (zweite Schiene von unten) circa zwölf Minuten backen.

6

Herausnehmen, auf dem Blech abkühlen lassen, Ringe entfernen, Florentiner abgekühlt auf ein Brett stürzen. Backpapier abziehen. Florentiner evtl. in flüssige Kuvertüre tauchen. Trocknen lassen.

Rosinenschnecken

ZUTATEN

(für ca. 15 Stück)

Für den Teig:
500 g Mehl
100 g Zucker
1 Würfel frische Hefe
1/2 TL Salz
100 g Butter
1/4 l lauwarme Milch
2 Eier
Puderzucker zum Bestäuben

Für die Füllung:
100 g gehackte Haselnüsse
125 g Rosinen
4 EL Honig
100 g Sahne

Den Namen verdanken sie ihrem Aussehen, das einem Schneckenhaus ähnelt. Grundlage ist ein süßer Hefeteig, der mit der Füllung bestrichen und aufgerollt in Scheiben geschnitten wird. Die Rosinen machen das Gebäck schön fruchtig.

Tipp 1: Noch saftiger wird es, wenn man zusätzlich circa 200 Gramm Marzipanrohmasse vor dem Aufrollen auf dem Teig verteilt.

Tipp 2: Große Naschkatzen verzieren die fertigen Schnecken noch mit Zuckerguss (100 Gramm Puderzucker mit ein bis zwei Esslöffel Zitronensaft oder Wasser verrühren).

1

Lauwarme Milch in einen Messbecher geben. Hefewürfel in kleine Stückchen brechen und die Hefe mithilfe eines Kochlöffels in der Milch auflösen.

2

Mehl, Zucker, Salz, Butter und Eier in einer großen Schüssel bereitstellen. Hefemilch dazugießen. Alles mit dem Mixer zu einem geschmeidigen Teig verkneten.

3

Teig eine Stunde gehen lassen. Inzwischen für die Füllung Sahne, Honig und Haselnüsse in einer Schüssel zu einer zähen Masse vermischen.

4

Nach der Ruhezeit: Hefeteig auf bemehlter Arbeitsfläche zu einem circa halben Zentimeter dicken Rechteck von etwa 30 x 40 Zentimeter ausrollen.

5

Mit einem Teigschaber oder großen Löffel die Nussmischung gleichmäßig auf dem Teig verteilen. An den Rändern ein wenig Platz lassen. Rosinen aufstreuen.

6

Den Teig von der langen Seite her vorsichtig aufrollen. Dabei mehr anheben als drücken, damit die Füllung nicht herausquillt. Backofen auf 200 Grad vorheizen.

7

Das Ende der Teigrolle gut andrücken. Dann mit einem Messer circa drei Zentimeter dicke Scheiben davon abschneiden. Backblech mit Backpapier auslegen.

8

Schnecken mit etwas Abstand zueinander auf das Blech setzen. Bei 200 Grad in circa 15 bis 20 Minuten hellbraun backen. Abgekühlt mit Puderzucker bestäuben.

Nussecken

Ein sehr variables Gebäck, das mit wenigen Änderungen immer wieder neu schmeckt. Klassiker ist die Variante mit Haselnussmasse und Aprikosenmarmelade. Aber wie wäre es stattdessen zum Beispiel mit Mandeln und Quittengelee oder der exotischen Form mit Kokosraspeln statt Nüssen? Auch bei der Größe ist alles möglich – kleine Dreiecke für die festliche Kaffeetafel oder etwas größer geschnittene als süßer Snack für Pause oder Picknick.

ZUTATEN

(für ca. 40 Stück)

Für den Teig:
150 g Mehl
70 g Zucker
1 Päckchen Vanillinzucker
1/2 TL Backpulver
70 g weiche Butter
1 Ei
Butter für das Backblech

Für den Belag:
100 g Zucker
200 g Haselnüsse (halb gehackt, halb gemahlen)
1 Päckchen Vanillinzucker
6 EL Aprikosenmarmelade
100 g Butter

Zum Bestreichen:
100 g Zartbitterkuvertüre

Alufolie

1

Für den Knetteig Mehl und Backpulver mit einem Kochlöffel in einer Rührschüssel vermischen, in die Mitte eine Vertiefung drücken.

2

Zucker, Vanillinzucker und Ei hineingeben. Weiche Butter (in Stückchen) am Rand verteilen. Alles mit den Knethaken des Mixers zu einem glatten Teig verrühren.

3

Auf bemehlter Arbeitsfläche mit den Händen nochmals durchkneten. Wenn der Teig sehr klebt, vor der Weiterverarbeitung eine halbe Stunde kühl stellen.

4

Ein Backblech einfetten und darauf den Knetteig dünn ausrollen. Mit der Aprikosenmarmelade bestreichen – je mehr, desto fruchtiger wird das Gebäck.

5

Für den Belag Butter mit Zucker, Vanillinzucker und zwei Esslöffel Wasser in einem Topf zerlassen. Gemahlene und gehackte Haselnüsse unterrühren.

6

Masse etwas abkühlen lassen, dann gleichmäßig auf dem Teig verteilen. Damit nichts überläuft, einen Rand aus Alufolie vor die offene Backblechseite setzen.

7

Nussecken bei 160 Grad (Umluft) circa 20 Minuten backen. Abgekühlt in circa acht mal acht Zentimeter große Quadrate schneiden, dann diagonal in Dreiecke teilen.

8

Kuvertüre in einem kleinen Topf oder Schüsselchen im Wasserbad schmelzen, Nussecken eintauchen. Auf einem Kuchengitter trocknen lassen.

Windbeutel

ZUTATEN

(für ca. 20 Stück)

Für den Teig:
250 g Mehl
1 TL Backpulver
1 Prise Salz
100 g Butter
5-6 Eier
Butter für das Backblech

Für die Füllung:
250 g Sahne
2 Päckchen Vanillinzucker

Spritzbeutel
mit großer Tülle und Sterntülle

Die luftigen Teigbällchen kennt man in der Schweiz als „Ofenküchlein", in Österreich als „Brandteigkrapferl". Da der Brandteig nicht gesüßt wird, kann man die fertigen Windbeutel sowohl mit Sahne und/oder Früchten füllen als auch mit herzhaften Zutaten. Als Füllung eignen sich dann zum Beispiel Frischkäse oder pürierte Avocadocreme. In Frankreich und in Italien serviert man „Profiteroles" als klassisches Dessert – sehr kleine, mit Sahne gefüllte Windbeutel mit dunkler Schokoladensoße.

1

250 Milliliter Wasser mit der Butter und dem Salz in einen Topf geben, aufkochen lassen. Das Mehl auf einmal zugeben.

2

Teig unter Rühren so lange „abbrennen“, bis ein Kloß entstanden ist. So lange weiterrühren, bis sich am Topfboden ein weißer Belag gebildet hat.

3

Den Teigkloß in eine Schüssel geben. Ein Ei zugeben und zügig unterrühren.

4

Vier weitere Eier einzeln nacheinander unterschlagen, dabei jedes Ei gut verrühren. Währenddessen Backofen auf 200 Grad (Ober-/Unterhitze) vorheizen.

5

Der Teig ist gut, wenn er glänzt und in Spitzen am Löffel hängen bleibt. Falls er zu fest ist, das letzte Ei unterrühren. Dann das Backpulver untermengen.

6

Teig in den Spritzbeutel füllen und auf ein gefettetes Backblech große Rosetten spritzen. Dabei genügend Abstand lassen, da der Teig noch stark aufgeht.

7

Rosetten im vorgeheizten Backofen circa 20 Minuten backen. Dann auf einem Kuchengitter auskühlen lassen und von jeder einen Deckel abschneiden.

8

Sahne mit Vanillinzucker steif schlagen und in einen Spritzbeutel mit Sterntülle füllen. Die unteren Hälften damit füllen. Deckel aufsetzen und servieren.

Schweinsöhrchen

Das Lieblingsgebäck vieler Kinder – nicht nur, weil es gut schmeckt, sondern natürlich auch wegen des lustigen Namens. Beim Ausrollen muss darauf geachtet werden, dass der Zucker von beiden Seiten gleichmäßig in den Teig gerollt wird. Dazu den Teig zwischendurch wenden. Ebenso wichtig: Damit der Zucker im Backofen gleichmäßig karamellisieren kann, müssen die Schweinsöhrchen von beiden Seiten gebacken werden.

ZUTATEN

(für 50 Stück)

250 g Mehl
200 g Zucker
3 TL Backpulver
250 g kalte Butter
250 g Quark

Butter für das Backblech
Zucker für die Arbeitsfläche

1

Mehl mit Backpulver auf eine Arbeitsfläche sieben, den Zucker untermengen und in die Mitte eine Mulde drücken. kalte Butter in Stückchen hineingeben.

2

Quark zugeben. Alles mit den Händen von innen nach außen zu einem glatten Teig verarbeiten. Auf einer leicht bemehlten Arbeitsfläche flach drücken.

3

Teig zu einem Rechteck ausrollen, zweimal in doppelten Touren (siehe Seite 7) zusammenfalten.

4

In Klarsichtfolie eingewickelt über Nacht im Kühlschrank ruhen lassen. Am nächsten Tag: das Backblech fetten. Den Backofen auf 220 Grad (Ober-/Unterhitze) vorheizen.

5

Etwas Zucker auf eine Arbeitsfläche geben. Teig darauf zu einer Größe von circa 22 mal 50 Zentimeter ausrollen. Dabei den Zucker gleichmäßig in den Teig einrollen.

6

Die Teigplatte von den Schmalseiten zweimal zur Mitte umschlagen und ein drittes Mal zusammenfalten.

7

Von diesem 50 Zentimeter langen Streifen 50 Stücke von je einem Zentimeter Breite abschneiden und auf das eingefettete Backblech legen.

8

Etwas nachformen. 15 Minuten ruhen lassen, dann im vorgeheizten Ofen circa zehn Minuten von der einen und fünf Minuten von der anderen Seite backen.

Amerikaner

Für die Namensgebung dieses süßen Gebäcks gibt es verschiedene Erklärungen. Eine davon geht auf das früher verwendete Backtriebmittel Ammoniumhydrogencarbonat zurück. Danach hießen die Teilchen erst „Ammonikaner“ und wurden dann später in „Amerikaner“ verballhornt. Für Kinder sind sie ein Riesenhit, denn beim Verzieren sind der Fanatasie keine Grenzen gesetzt.

ZUTATEN

(für ca. 10-12 Stück)

Für den Teig:

270 g Mehl
125 g Zucker
1 Päckchen Vanillinzucker
1 TL Backpulver
1 EL Zitronensaft
1 Prise Salz
125 g weiche Butter
2 Eier

Für den Guss:

100 g Puderzucker
1-2 EL heißes Wasser
50 g Zartbitterkuvertüre

1

Die weiche Butter mit Zucker, Vanillinzucker, Salz, Eiern und Zitronensaft mit dem Mixer cremig rühren. Backofen auf 180 Grad (Ober-/ Unterhitze) vorheizen.

2

Mehl und Backpulver vermengen und zu der Butter-mischung geben. Alles vorsichtig zu einem glatten, festen Teig verrühren. Wenn er zu weich ist, esslöffelweise noch ein wenig Mehl zugeben.

3

Ein Backblech mit Backpapier auslegen. Darauf mit einem Esslöffel Teigpor-tionen von etwa fünf Zentimeter Durchmesser setzen. Etwas Abstand lassen, das Gebäck geht noch auseinander.

4

Amerikaner bei 180 Grad circa 15 Minuten backen. Die Ränder sollten leicht gebräunt, die Mitte noch hell sein. Gebäck auf einem Kuchengitter abkühlen lassen.

5

Für den Guss das heiße Wasser esslöffelweise zum Puderzucker geben und verrühren, bis eine streichfähige Masse ent-standen ist. Kuvertüre im Wasserbad schmelzen.

6

Ausgekühlte Amerikaner mit einem Messer oder Backpinsel abwechselnd mit Puderzuckerguss und Kuvertüre bestreichen. Gebäck dann an einem kühlen Ort trocknen lassen.

Brownies

Das Markenzeichen des flachen Schokoladenkuchens ist ihre sehr saftige, oft sogar klebrige Mitte. Sie entsteht, weil beim Backen bewusst auf Triebmittel verzichtet wird. Das tiefbraune Gebäck ist weltweit bekannt und es gibt zahlreiche Variationen des amerikanischen Klassikers – von Brownies mit weißer Schokolade bis hin zu den unterschiedlichsten Nuss- oder Lebkuchen-Brownies.

ZUTATEN

(für ca. 15 Stück)

150 g Mehl
300 g Zucker
300 g Schokolade (70 % Kakaogehalt)
100 g Zartbitterschokolade (50-60 % Kakaogehalt)
100 g weiße Schokolade
2-3 EL Kakaopulver
300 g kalte Butter
6 Eier
Butter für die Backform
ggf. Schokoladenzuckerguss

Backform (ca. 34 x 24 cm) oder Backblech mit Backrahmen

Ofen auf 200 Grad vorheizen, Backform einfetten. Schokolade (70 % Kakaogehalt) im Wasserbad schmelzen, vom Herd nehmen. Kalte Butter stückchenweise unterrühren, bis die Masse cremig ist.

1

100 Gramm Zucker mit dem Mehl und dem Kakao vermengen. Anschließend in eine Schüssel sieben.

2

Die beiden anderen Schokoladensorten klein hacken.

3

Die Eier zusammen mit dem restlichen Zucker schaumig schlagen, bis die Masse weißcremig wird.

4

Vorsichtig die abgekühlte Schokoladen-Butter-Masse einrühren. Das gesiebte Mehl zugeben und unterheben. Dann die gehackte Schokolade unterheben.

5

Die Masse in die Backform geben. Auf mittlerer Schiene circa 30 Minuten backen. In der Form auskühlen lassen, stürzen und nach Belieben mit Schokoladenzuckerguss verzieren.

6

Müsli-Schnitten

Bekannt gemacht hat das Müsli der Schweizer Arzt Maximilian Bircher-Benner. Er hat laut Überlieferung die traditionelle Rohkostmahlzeit der Alpenhirten bei einer Bergwanderung serviert bekommen. Seine Originalversion – das „Birchermüesli" – besteht aus eingeweichten Haferflocken, roh geriebenen Äpfeln, Nüssen und Kondensmilch. Besser zu transportieren und überall zu genießen sind die schnell gemachten Müsli-Schnitten, die mit Trockenobst besonders saftig werden.

ZUTATEN

(für ca. 20 Stück)

75 g getrocknete Aprikosen
30 g Zucker
100 g Honig
100 g gehackte Walnüsse
100 g Mandelsplitter
100 g Haferflocken
2 EL Orangensaft
50 g Butter

Butter für das Backblech

1

Das Backblech einfetten und mit Backpapier belegen. Getrocknete Aprikosen in kleine Stückchen schneiden.

2

Butter, Zucker und Honig in einen Topf geben und unter Rühren zerschmelzen lassen, eine Minute schwach kochen, dabei umrühren. Backofen auf 150 Grad (Ober-/Unterhitze) vorheizen.

3

Den Topf von der Kochplatte nehmen und Orangensaft, Walnüsse, Mandelsplitter, Haferflocken und die Aprikosenstückchen unterrühren, bis sich eine gleichmäßige Masse ergibt.

4

Müsli-Mischung auf das Backblech schütten und mit einem Kochlöffel zu einem Rechteck von circa 30 mal 25 Zentimeter andrücken. Die Kanten mit einem Messer nachformen.

5

Bei 150 Grad ist die Masse in circa 20 Minuten fertig gebacken. Danach auf dem Blech auf einem Kuchengitter abkühlen lassen.

6

Das kalte Gebäck in die gewünschte Portionsgröße schneiden, z. B. Riegel, Quadrate oder Dreiecke. In einer gut schließenden Dose halten sich Müsli-Schnitten circa zehn Tage lang frisch.

Nusshörnchen

Der hier verwendete Plunderteig basiert auf einem Hefeteig, der allerdings wie ein Blätterteig mehrfach ausgerollt wird. Bei dem Falt- und Walzvorgang wird ein Stück Butter in den Teig eingearbeitet. Wichtig für das gute Gelingen ist das Kühlstellen des Teiges zwischen den Vorgängen. Beim Falten darauf achten, dass man immer im Wechsel faltet: Teigränder von oben und unten einschlagen, dann wieder von links und rechts.

ZUTATEN

(für 12 Stück)

Für den Teig:	**Für die Füllung:**
250 g Mehl	75 g gemahlene Haselnüsse
20 g Zucker	75 g gemahlene Mandeln
1 Prise Salz	1 Messerspitze Vanillemark
10 g frische Hefe	4 EL flüssiger Honig
50 ml lauwarme Milch	2 EL Wasser
125 g kalte Butter	1 TL Zimtpulver
1 Ei	1 Ei
	Butter für das Backblech
	1 Eigelb zum Bepinseln

1

Mehl, Zucker und Salz in eine Schüssel geben. In der Mitte eine Mulde bilden, die Hefe hineinbröckeln und mit einem Teil der lauwarmen Milch vermengen.

2

Vorteig abdecken, 20 Minuten gehen lassen. 100 Milliliter lauwarmes Wasser, das Ei und restliche Milch einrühren. Zu geschmeidigem Teig verkneten.

3

Abgedeckt 20 Minuten kalt stellen. Dann Teig auf bemehlter Arbeitsfläche durchkneten und ausrollen. Kalte Butter zwischen Backpapier legen und flach walzen.

4

Butter auf die Mitte des Teiges legen und die Ränder rechts und links darüberschlagen. Mit dem Nudelholz glatt rollen. Falls nötig mit Mehl bestäuben.

5

Obere Teighälfte bis zur Mitte einschlagen, untere drüberlegen (Teig hat nun drei Schichten). Ausrollen, linke und rechte Hälfte einschlagen und …

6

… in Frischhaltefolie wickeln. 20 Minuten kalt stellen. Schritt fünf wiederholen. Gefalteten Teig nochmals eingewickelt 20 Minuten kalt stellen.

7

Teig kreisförmig ausrollen. Für die Füllung alle Zutaten fein pürieren und auf dem Teig verstreichen. Ofen auf 200 Grad (Ober-/Unterhitze) vorheizen.

8

Teig in zwölf Kuchenstücke schneiden. Stücke zu Hörnchen aufrollen, auf gefettetes Blech legen und mit Eigelb bepinseln. Etwa 20 Minuten goldbraun backen.

Baiserteilchen

Der schaumige Eischnee wird beim Trocknen im Ofen zu einem festen und knusprigen Gebäckstück. Die süße Leckerei, die „Besee" ausgesprochen wird, kann pur oder auch mit Füllung, zum Beispiel Himbeersahne, genossen werden. Wer mag, kann zur Abwechslung aus dem Eischnee auch mal einen luftigen Tortenboden spritzen und nach dem Backen kreativ befüllen. International ist Baiser unter dem Namen „Meringues" bekannt.

ZUTATEN

(für ca. 16 Stück oder 1 Tortenboden)

Für den Eischnee:
160 g Zucker
2 EL Vanillinzucker
1 Prise Salz
4 Eiweiß

Für die Tortenvariante:
Himbeersahne oder Ähnliches

Spritzbeutel mit kleiner und großer Lochtülle

1

Backofen auf 100 Grad (Ober-/Unterhitze) vorheizen und das Backblech mit Backpapier belegen. Eiweiß zusammen mit dem Salz schaumig schlagen.

2

Nach und nach den Zucker und Vanillinzucker einrieseln lassen.

3

So lange schlagen, bis die Masse glänzend und schnittfest ist, dann in den Spritzbeutel füllen. Eischnee direkt weiterverarbeiten, er fällt sonst zusammen!

4

Für die Tortenvariante auf dem Backpapier die Umrisse eines Springformbodens nachzeichnen. Mit einer kleinen Lochtülle darauf eine Schnecke spritzen.

5

Den Rand des späteren Tortenbodens mit Tupfen versehen.

6

Für Baiserteilchen: Mit großer Lochtülle auf dem Backblech circa 16 Teilchen aufspritzen.

7

Im vorgeheizten Ofen circa vier Stunden trocknen, Ofentür etwas geöffnet lassen. Baiser muss hell bleiben, evtl. Temperatur auf 80 Grad reduzieren und länger trocknen.

8

Aus dem Ofen nehmen und auskühlen lassen. Den Tortenboden, nach Belieben auch die Teilchen, mit Sahnecreme füllen, die Baiserteilchen danach zusammensetzen.

Madeleines

Eine feine Gebäckspezialität aus Frankreich, die sogar literarische Berühmtheit erlangt hat. Der Schriftsteller Marcel Proust beschreibt sie in seinem Werk „Auf der Suche nach der verlorenen Zeit“ und lässt sich von ihrem Duft an seine Kindheit erinnern. Typisch für Madeleines ist die Form einer Jakobsmuschel. Wer kein spezielles Backblech zur Verfügung hat, kann den Teig auch in kleinen Papierbackförmchen oder einem Muffinblech backen.

ZUTATEN

(für ca. 48 Stück)

250 g Mehl
250 g Zucker
1 Päckchen geriebene Zitronenschale
250 g weiche Butter
6 Eier
weiche Butter für das Madeleine-Blech
Puderzucker zum Bestäuben

Madeleine-Blech (alternativ Muffinform oder Papierbackförmchen)

1

Die weiche Butter zusammen mit der Zitronenschale und der Hälfte des Zuckers in eine Schüssel geben und mit den Quirlen des Mixers schaumig rühren.

2

In einer zweiten Schüssel die Eier mit dem restlichen Zucker ebenfalls mit den Quirlen des Mixers zu einer schaumig-cremigen Masse schlagen. Sie soll weißlich aussehen.

3

Mehl und Buttermischung esslöffelweise abwechselnd unter die Eimasse rühren, bis ein cremiger Teig entstanden ist.

4

Backofen auf 220 Grad (Ober-/Unterhitze) vorheizen. Mit weicher Butter die Vertiefungen des Madeleine-Blechs ausfetten.

5

Muschelförmchen zu zwei Dritteln mit Teig füllen und die Madeleines in circa zehn Minuten goldgelb backen. Vorgang wiederholen, bis der Teig aufgebraucht ist.

6

Fertige Madeleines in der Form kurz abkühlen lassen, auf ein Kuchengitter stürzen. Abgekühlt mit etwas Puderzucker bestäuben und genießen.

Englisches Teegebäck

Das krümelig-zarte Mürbegebäck darf bei keinem klassischen englischen Fünf-Uhr-Tee fehlen. Entscheidend für den charakteristischen Geschmack sind die unverzichtbare große Prise Salz im Teig – und natürlich die Butter. Noch originaler kann selbst die Queen ihre Tea Time nicht genießen. In gut schließenden Dosen hält sich englisches Teegebäck – auch als „Shortbread" bekannt – längere Zeit frisch und kann auch auf Vorrat gebacken werden.

ZUTATEN

(für ca. 40 Stück)

450 g Mehl
125 g Zucker
1 Päckchen Vanillinzucker
1 TL Backpulver
1/2 TL Salz
250 g weiche Butter
Zucker zum Bestreuen

Metall- oder Holzspieß

1

Mit dem Mixer weiche Butter, Zucker und Vanillinzucker schaumig rühren. Mehl mit Salz und Backpulver mischen, erste Hälfte unter die Butter rühren.

2

Die zweite Hälfte des Mehles mit den Knethaken des Mixers unter den Teig kneten. Backofen auf 150 Grad (Umluft) vorheizen.

3

Auf einer bemehlten Arbeitsfläche oder zwischen zwei Klarsichtfolien den Teig circa eineinhalb Zentimeter dick ausrollen. Vorsicht, er ist leicht brüchig.

4

Für die typischen Shortbread-Fingers die Teigplatte mit einem Messer in circa zwei Zentimeter breite und vier bis sechs Zentimeter lange Streifen zerteilen.

5

Streifen auf das mit Backpapier ausgelegte Backblech geben, mit einem Metall- oder Holzspieß mehrmals einstechen.

6

Ofen auf 130 Grad (Umluft) runterschalten. Shortbread circa 20 bis 25 Minuten goldgelb backen. Noch heiß mit Zucker bestreuen, abkühlen lassen und genießen.

Mutzen

Sie gehören zum Rheinland wie der Kölner Dom und der Karneval – und genau zu dieser „fünften Jahreszeit“ werden die Mutzen hauptsächlich angeboten oder selbst gebacken. Aber auch im November zu Sankt Martin schätzt man das süße Fettgebäck. Wer mag, mischt noch Rosinen unter den fertigen Teig, das macht die Mutzen noch saftiger. Zum Ausbacken eignen sich eine Fritteuse oder alternativ ein großer Topf. Wichtig ist, dass das Gebäck darin schwimmen kann und so schnell und gleichmäßig von allen Seiten erhitzt wird. Nur dann bildet sich die typische Kruste mit dem weichen Kern.

ZUTATEN

(für ca. 50 Stück)

Für den Teig:
500 g Mehl
150 g Zucker
2 TL Backpulver
2 EL Rum
1 Prise Salz
150 g weiche Butter
3 Eier
Puderzucker zum Bestäuben

Zum Ausbacken:
1 kg Pflanzenfett

Fritteuse oder alternativ ein großer Topf, Schaumlöffel

Alle Zutaten für den Teig in einer Rührschüssel mit den Knethaken des Mixers zu einem glatten Teig verarbeiten.

1

Mit zwei Teelöffeln aus dem Mutzenteig kleine Nocken formen und ins siedende Fett geben. Nicht zu viele auf einmal – sonst backen sie nicht schnell genug, sondern saugen sich mit Fett voll.

4

Auf einer leicht bemehlten Arbeitsfläche den Teig mit den Händen noch einmal kräftig durchkneten. Wenn er zu sehr klebt, ein paar Minuten in den Kühlschrank stellen.

2

Fertiges Gebäck mit einem Schaumlöffel herausheben und auf mit Küchenpapier belegten Kuchengittern kurz abtropfen lassen.

5

In der Zwischenzeit das Fett in einem ausreichend großen Topf langsam erhitzen. Wenn man den Stiel eines Holzkochlöffels hineinhält und daran Bläschen emporsteigen, ist die richtige Temperatur erreicht.

3

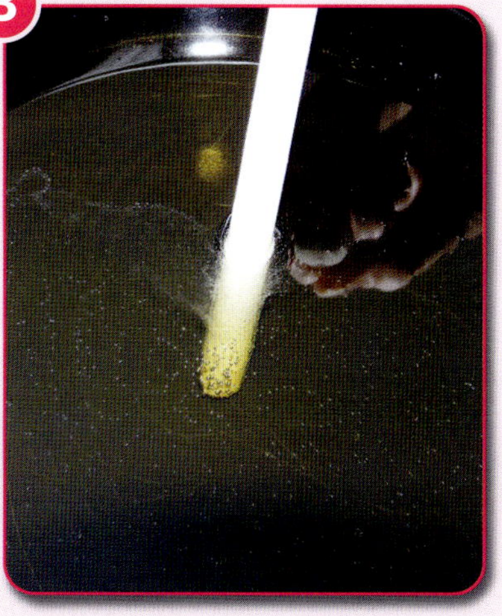

Mutzen noch heiß mit Puderzucker bestäuben und am besten sofort genießen.

6

Quarkbällchen

Die zuckrigen Teigkugeln sind nicht nur bei Kindern beliebt. In der Eifel kann man sie fast ganzjährig in jeder Bäckerei ergattern. In anderen Regionen sieht man sie neben Berlinern und Mutzen eher zur Karnevalszeit in den Auslagen der Konditoren. Klein und handlich eignen sie sich hervorragend als süße Leckerei zwischendurch – ob im Kindergarten oder im Büro. Luftig und lecker werden Quarkbällchen übrigens nicht nur in der Fritteuse. Alternativ kann man sie auch in einem großen Topf mit Öl ausbacken. Tipp: Das Öl ist erst dann heiß genug, wenn sich beim Hineinhalten eines Holzstiels Bläschen darum bilden.

ZUTATEN

(für ca. 20-25 Stück)

300 g Mehl
40 g Zucker
50 g Rosinen
4 g Trockenhefe
2 cl Rum
1 Prise Salz
30 g weiche Butter
80 ml lauwarme Milch
200 g Quark
1 Ei
Ca. 750-1500 g Pflanzenfett zum Ausbacken, z. B. Palmin
Puderzucker zum Bestäuben

Fritteuse oder alternativ ein großer Topf

1

Die Hefe mit zwei Esslöffel lauwarmer Milch und einem Esslöffel Zucker verrühren. Circa 20 Minuten gehen lassen. Rosinen im Rum einweichen, das Ei verquirlen.

2

Mehl in Schüssel sieben. Restlichen Zucker, Quark, das Ei, weiche Butter, Salz, Rosinen und Hefevorteig hinzugeben. Langsam so viel von der restlichen Milch einrühren, bis der Teig fest und geschmeidig ist.

3

Zugedeckt an einem warmen Ort circa 30 Minuten gehen lassen. Fritteuse auf 180 Grad heizen. Alternativ Fett in einem großen Topf erhitzen. Es ist heiß genug, …

4

… wenn sich beim Hineinhalten eines Holzstiels Bläschen bilden. Dann mit zwei Esslöffeln kleine Nocken vom Teig abstechen und vorsichtig in das heiße Fett gleiten lassen.

5

Portionsweise jeweils zwei bis drei Minuten goldbraune Bällchen ausbacken. Gegebenenfalls die Bällchen ab und zu in dem Fett wenden.

6

Die Quarkbällchen gut abtropfen lassen. Wer die Bällchen im Topf frittiert hat, kann sie mithilfe eines Schaumlöffels herausholen. Die noch warmen Quarkbällchen mit Puderzucker bestäuben.

Lebkuchenherzen

In Form geschnittene Lebkuchen heißen „Bildlebkuchen". Es gibt sie bereits seit dem 15. Jahrhundert. Traditionell sind religiöse Motive, später kamen auch weltliche Bilder auf. Beliebt sind vor allem die mit Zuckerguss verzierten Lebkuchenherzen, wie man sie auf Volksfesten oder Jahrmärkten bekommt. Die Zutat Pottasche, ein Kaliumsalz, wird als Triebmittel vor allem für Flachgebäck und Teige mit hohem Zuckergehalt verwendet. Man bekommt sie ganzjährig in jedem Großmarkt.

ZUTATEN

(für ca. 40 Stück)

Für den Teig:	**Zum Verzieren (nach Fantasie):**
400 g Mehl	150 g Puderzucker
250 g Rohrzucker	2 EL Zitronensaft
250 g Honig	Lebensmittelfarbe
100 g gemahlene Mandeln	Mandeln
1 TL Pottasche (Kaliumcarbonat)	kandierte Früchte
1 TL Zimtpulver	
1 EL Kakaopulver	herzförmige Ausstechformen, Spritzbeutel mit kleiner Lochtülle
1 TL abgeriebene Zitronenschale	
2 TL Lebkuchengewürz	
2 cl Rum	
150 g Butter	
1 Ei	

1

Honig, Rohrzucker und Butter unter Rühren erhitzen, bis sich der Zucker gelöst hat, dann umfüllen und abkühlen lassen.

2

Gemahlene Mandeln, das Mehl, Lebkuchengewürz, Kakao, Zimt, die abgeriebene Zitronenschale und das Ei dazugeben und mit den Knethaken durchkneten.

3

Pottasche mit Rum auflösen. Im Teig unterkneten, bis er glänzt und nicht mehr klebt. Falls er zu weich ist, noch etwas Mandeln unterkneten.

4

Wenn der Teig fest und formbar ist, abgedeckt über Nacht im Kühlschrank ruhen lassen.

5

Am nächsten Tag: Backofen auf 180 Grad (Ober-/Unterhitze) vorheizen. Teig auf wenig Mehl portionsweise circa fünf Millimeter dünn ausrollen, Herzen ausstechen.

6

Herzen auf mit Backpapier belegtem Blech im Ofen circa 18 Minuten backen, herausnehmen und vorsichtig vom Blech lösen (sie sind noch sehr weich). Auskühlen lassen.

7

Den Puderzucker mit dem Zitronensaft dicklich verrühren (evtl. noch mit Lebensmittelfarbe färben). Mittels Spritzbeutel die Herzen beliebig verzieren.

8

Oder die noch ungebackenen Herzen mit Mandeln und kandierten Früchten besetzen und anschließend backen.

Stutenkerl

Das leckere Gebäckmännchen aus süßem Hefeteig stellt meistens einen Bischof mit tönernem Bischofsstab dar, zurückgehend auf den Nikolaus, den Bischof Nikolaus von Myra. Heute backt man den Stutenkerlen, vor allem den norddeutschen Varianten und den rheinischen „Weckmännern“ zu Sankt Martin Tonpfeifen an. Vermutlich wurde diese Abwandlung von der Reformation beeinflusst, um katholische Sinnbilder zu verweltlichen.

ZUTATEN

(für 4 Stück)

Für den Teig:	**Zum Bestreichen:**
500 g Weizenmehl	2 EL Milch
75 g Zucker	1 Eigelb
1 Päckchen Trockenhefe	
1 gestrichener TL Salz	Rosinen für Gesicht
100 g Butter	und Knöpfe
150 ml Milch	
1 Ei	
1 Eiweiß	

1

Milch in einem kleinen Topf erwärmen. Butter darin zerlassen. Dann Mehl mit Trockenhefe vermischen. Milchbutter und restliche Zutaten zugeben.

2

Mit den Knethaken eines Mixers zu einem glatten Teig verkneten. Abgedeckt an einem warmen Ort circa 30 Minuten gehen lassen. Teig muss sichtbar aufgehen.

3

Teig vierteln und auf einer bemehlten Arbeitsfläche zu Fladen formen. Mit einem Messer grob Kopf, Arme und Beine zuschneiden.

4

Stutenkerle mit den Händen modellieren. Backofen auf 180 Grad (Ober-/Unterhitze) vorheizen und Backblech mit Backpapier auslegen.

5

Zwei Esslöffel Milch und ein Eigelb verschlagen. Stutenkerle mithilfe eines Backpinsels damit bestreichen.

6

Mit den Rosinen Gesicht und Knöpfe nachbilden. Die Figuren vorsichtig auf das Backblech legen. Abgedeckt weitere 20 Minuten gehen lassen. Im vorgeheizten Ofen 15 bis 20 Minuten backen.

Mandelsplitter

So einfach kann man mit feinem Konfekt viel Eindruck machen. Die Geschmacksrichtung der Mandelsplitter lässt sich mit weißer, Zartbitter- oder Vollmilchkuvertüre nach Lust und Laune variieren. Hübsch angerichtet in einem Einmachglas sind sie ein ganz persönliches Geschenk.

Eine Variante, die auch Kinder gerne mögen: statt der Mandelstifte einfach Cornflakes mit der flüssigen Schokolade mischen und kleine Häufchen aus der Masse formen.

ZUTATEN

(für ca. 30 Stück)

2 EL brauner Zucker
250 g Vollmilchkuvertüre
150 g Mandelstifte
25 g Kokosfett

1

Zucker in einer Pfanne schmelzen lassen. Mandelstifte hinzugeben und kurz goldgelb anrösten. Auf einem Teller abkühlen lassen. Die Kuvertüre zerkleinern ...

2

... und in ein hitzebeständiges Gefäß geben. Im Topf Wasser erhitzen, Gefäß mit Kuvertüre hineinstellen (Wasserbad). Vorsichtig schmelzen, dabei nicht zu heiß werden lassen.

3

Das Kokosfett in die warme Kuvertüre einrühren. Es macht die Schokolade geschmeidiger und lässt die Pralinen später schön glänzen.

4

Die gerösteten Mandelstifte vorsichtig unter die flüssige Schokolade heben, bis alles gut vermischt ist. Ein Backblech oder große Teller mit Backpapier auslegen.

5

Mithilfe von zwei Teelöffeln kleine Nocken von der Mandelmasse abstechen und auf das Papier setzen. Dabei die Teelöffel immer wieder in heißes Wasser tauchen.

6

Mandelsplitter im Kühlschrank zwei Stunden kühlen und dann in luftdichte Dosen verpacken. Kühl lagern.

Witwenküsse

Dieses Gebäck taucht in vielen alten Backbüchern auf, dort auch unter dem Namen „Wespennester“. Die Zubereitung ist recht einfach und geht sehr schnell. Wer nicht gerne Mandeln isst, kann wahlweise auch gehackte Nüsse verwenden. Ob Mandeln oder Nüsse, beides kann anstatt im Backofen auch in einer beschichteten Pfanne ohne Fett geröstet werden. Und wer mag, probiert auch mal eine andere Schokoladensorte aus. Warum das leckere Feingebäck, das sich oft auch auf bunten Weihnachtstellern wiederfindet, den Namen „Witwenküsse“ trägt, ist allerdings ungeklärt.

ZUTATEN

(für ca. 60 Stück)

150 g Zucker
130 g Mandelstifte
125 Zartbitterschokolade
2 Eiweiß

Butter für das Backblech

1

Ofen auf 250 Grad (Ober-/ Unterhitze) vorheizen. Schokolade fein raspeln, dabei nicht ganz aus der Verpackung nehmen, so schmilzt sie nicht so schnell in der Hand.

2

Die Mandelstifte auf ein Backblech streuen und im heißen Backofen goldbraun rösten. Herausnehmen und in eine Schüssel geben. Auskühlen lassen.

3

Backofen auf 150 Grad (Ober-/ Unterhitze) runterschalten. Das Eiweiß in eine Rührschüssel geben.

4

Das Eiweiß in der Rührschüssel so steif schlagen, dass als Test ein Messerschnitt sichtbar bleibt.

5

Langsam den Zucker einrieseln lassen und dabei weiterrühren, bis die Masse Spitzen bildet.

6

Schokolade und geröstete Mandeln vermischen. Das Backblech einfetten. Für ein Wasserbad Wasser im Topf erhitzen.

7

Eischneemasse im Gefäß über das Wasserbad setzen und schlagen, bis sie etwas zäh wird. Vom Wasserbad nehmen und die Mandelmischung unterheben.

8

Mit zwei Teelöffeln kleine Kleckse aufs Blech setzen. Im vorgeheizten Ofen circa 18 Minuten backen. Danach auskühlen lassen. Die Küsse garen dabei etwas nach.

Petit Fours

Es sieht hübsch aus und schmeckt einfach köstlich, das klassische Kleingebäck der französischen Küche. Beim Verzieren kann man individuelle, auf die Gäste oder den Anlass abgestimmte Farben und Dekorationen wählen und damit eine persönliche Note auf den Kaffeetisch bringen. Wichtig: Das geschichtete Backwerk muss über Nacht ziehen, bevor man es in Form schneidet.

ZUTATEN

(für ca. 25 Stück)

Für den Teig:	Für die Füllung:
100 g Mehl	250 g Marzipanrohmasse
150 g Zucker	125 g Puderzucker
75 g gemahlene Mandeln	1 EL Orangenlikör
1 Prise Salz	250 g Aprikosenkonfitüre
6 Eigelb	
6 Eiweiß	**Zum Verzieren:**
Zucker zum Stürzen	1-2 EL Zitronensaft
	500 g Puderzucker
	evtl. Lebensmittelfarben
	30 g Zartbitterschokolade
	kandierte Blütenblätter

1

Eiweiß mit Salz steif schlagen. Zucker einstreuen. Wieder steif schlagen. Mehl mit Mandeln vermengen. Zusammen mit dem Eigelb unterheben.

2

Ofen auf 200 Grad (Umluft) vorheizen. Teig auf ein mit Backpapier belegtes Backblech streichen. Circa zwölf Minuten goldbraun backen. Den fertigen Teigboden …

3

… auf ein gezuckertes Tuch stürzen, Backpapier abziehen, während des Auskühlens auf dem Teig liegen lassen. Teig in drei gleich große Streifen schneiden.

4

Marzipan, Puderzucker und Likör verkneten. Dünn ausrollen, wie oben in drei Streifen schneiden. Konfitüre durchs Sieb streichen, Teigteile damit bepinseln.

5

Teig- und Marzipanstreifen im Wechsel aufeinanderlegen. Die oberste Schicht ist Marzipan. Gut abgedeckt über Nacht ziehen lassen.

6

Aus dem Schichtwerk die gewünschte Form zuschneiden. Für Guss: Gesiebten Puderzucker langsam mit Zitronensaft verrühren, bis ein dickflüssiger Guss entsteht.

7

Den Zuckerguss nach Belieben mit Lebensmittelfarbe einfärben. Die Petit Fours auf ein Kuchengitter setzen und mit dem Guss überziehen.

8

Antrocknen lassen und nach Belieben mit geschmolzener Schokolade und kandierten Blütenblättern verzieren. Trocknen lassen.

Rumkugeln

Das leckere Konfekt aus Schokoladenkuvertüre ist in anderen Regionen auch unter den Namen „Trüffel" oder „Punschkugel" bekannt. Es ist meistens etwas größer als eine Marzipankartoffel und wird – wie der Name schon sagt – mit Rum hergestellt. Wer auf Alkohol, nicht aber auf den typischen Geschmack der Schokokugeln verzichten möchte, kann bei der Herstellung auch auf Rumaroma zurückgreifen.

ZUTATEN

(für ca. 60 Stück)

Für die Schokomasse:	**Für die weiße Creme:**
200 g gemahlene, abgezogene Mandeln	150 g weiße Schokolade
300 g gehackte Vollmilchkuvertüre	50 g Butter
300 g gehackte Zartbitterkuvertüre	3-5 EL Sahne
1/8 l Rum oder Weinbrand	**Zum Verzieren:**
100 g Kokosfett	400 g Vollmilchkuvertüre
100 g Butter	200 g Zartbitterkuvertüre
200 ml Sahne	Kakaopulver
	Spritzbeutel mit feiner Lochtülle, Pralinengabel

1

Gehackte Kuvertüre mit Kokosfett und Butter im Wasserbad schmelzen. Mit Rum und Mandeln vermengen. Sahne unterrühren, in den Kühlschrank stellen.

2

Für die weiße Creme: Sahne mit Butter im Topf schmelzen. Weiße Schokolade klein hacken, in der Butter auflösen. Durch ein feines Sieb streichen. Masse cremig aufschlagen.

3

Die dunkle Schokoladenmasse aus dem Kühlschrank nehmen, auf die Arbeitsfläche stürzen und in circa eineinhalb Zentimeter große Würfel schneiden. Zu Kugeln rollen.

4

In die Mitte jeder Kugel eine Mulde drücken. Die weiße Schokomasse in den Spritzbeutel füllen und die Masse in die Vertiefungen spritzen.

5

Die Kugeln über der Füllung zusammendrücken und erneut zu einer Kugel rollen.

6

Zum Verzieren: Vollmilch- und Zartbitterkuvertüre im heißen Wasserbad schmelzen. Die Kugeln in die geschmolzene Schokolade geben.

7

Anschließend mit einer Pralinengabel aus der Schokolade heben und abtropfen lassen.

8

Die Kugeln noch feucht in Kakaopulver wälzen, dann trocknen lassen. In Pralinenschälchen geben oder in Folie bzw. Geschenktütchen verpacken.

Walnussbissen

Besonders geeignet für die warme Jahreszeit ist dieser fruchtige Happen in Walnussform. Mit vielen Vitaminen, Spurenelementen und einem hohen Anteil an wertvollen Omega-3-Fettsäuren aus der Walnuss ist das Konfekt ein prima Energielieferant für zwischendurch. Der Energiegehalt einer Walnuss ist nämlich höher als bei allen anderen handelsüblichen Nüssen, ausgenommen der Paranuss. Die Fruchtmasse muss über Nacht im Kühlschrank ziehen, also genügend Zeit für die Vorbereitung einplanen. Die fruchtig-nussigen Leckerbissen halten sich im Kühlschrank etwa zwei bis drei Wochen.

ZUTATEN

(für 25 Stück)

100 g getrocknete Birnen
100 g getrocknete Zwetschgen (ohne Stein)
2 TL Blütenhonig
50 Walnusshälften
100 g Honig- oder normales Marzipan
1 Messerspitze Zimtpulver
1 Prise gemahlene Nelken
2-3 TL Kakaopulver
2-3 EL Zwetschgenschnaps

1

Alle Zutaten bereitstellen. Die Birnen und die Zwetschgen mit einem Messer grob hacken. Anschließend in einen Mixer geben und fein pürieren.

2

Das pürierte Fruchtmus in eine Schüssel füllen. Das Marzipan in kleine Stücke teilen und zusammen mit dem Honig ebenfalls in die Schüssel geben.

3

Den Kakao, den Zimt, die Nelken und den Zwetschgenschnaps hinzufügen.

4

Alles gründlich zu einer glatten Masse verrühren und mit den Händen zu einer Rolle formen. Die Rolle sollte im Durchmesser etwa walnussgroß sein.

5

Fest in Frischhaltefolie wickeln und im Kühlschrank zwölf Stunden ziehen lassen. Am nächsten Tag die Rolle in 25 Scheiben schneiden.

6

Auf jede Seite der Scheiben eine Walnusshälfte geben. Gut andrücken. Dann die zusammengesetzten Walnussbissen in Nussform zurechtdrücken.

Marzipankartoffeln

Die süße Versuchung Marzipan ist hierzulande untrennbar mit der Stadt Lübeck verbunden, wo der Konditor Johann Georg Niederegger 1806 die erste Marzipanmanufaktur Deutschlands gründete. In unzähligen Formen erfreut die Masse aus Mandeln und Puderzucker seitdem die Genießer. Eine der bekanntesten und beliebtesten ist sicher die Marzipankartoffel mit ihrem Überzug aus braunem Kakaopulver. Selbst gemacht ist sie doppelt so lecker und auch zum Verschenken eine tolle Idee.

ZUTATEN

(für ca. 60 Stück)

250 g Puderzucker
250 g Mandeln
1/2 Fläschchen Bittermandelöl
3-4 EL Rum oder Amaretto
3-4 EL Kakaopulver

evtl. Papierpralinenförmchen

1

Die ungeschälten Mandeln mit circa einem Liter kochendem Wasser übergießen und darin ein paar Minuten ziehen lassen. In ein Sieb schütten und abtropfen lassen.

2

Jetzt lässt sich die braune Haut ganz leicht lösen: Mandeln zwischen Daumen und Zeigefinger nehmen und aus der Hülle drücken. Auf einem Küchentuch zwölf Stunden trocknen lassen.

3

Abgezogene Mandeln in der Mandelmühle oder im Blitzhacker sehr fein mahlen. In eine Rührschüssel geben.

4

Puderzucker zu den Mandeln sieben, Rum oder Amaretto und Bittermandelöl zugeben und alles mit den Knethaken des Mixers erst auf niedriger, dann auf hoher Stufe zu einer geschmeidigen Masse kneten.

5

Mit feuchten Händen aus dem fertigen Marzipan kleine Kugeln in der gewünschten Größe formen.

6

Marzipankartoffeln in dem Kakaopulver wälzen und nach Wunsch in Pralinenförmchen setzen. Zum Aufbewahren in gut schließende Dosen zwischen Pergamentpapierlagen geben.

Gebrannte Mandeln

Die süße Knabberei darf auf keinem Jahrmarkt oder Volksfest fehlen und schmeckt am besten ganz frisch und noch lauwarm. Auch zu Hause sind gebrannte Mandeln schnell gemacht. Wichtig ist eine gute, antihaftbeschichtete Pfanne, denn die Zuckermasse wird sehr klebrig. Übrigens: Auf die gleiche Weise lassen sich auch gebrannte Walnüsse, Haselnüsse oder die exotischeren Macadamia- oder Pecannüsse veredeln. Damit sie schön knackig bleiben, die fertigen Mandeln in luftdichten Dosen an einem kühlen Ort aufbewahren.

ZUTATEN

125 g Zucker
200 g Mandeln
2 Päckchen Bourbon-Vanillezucker
1/2 TL Zimtpulver

1

Ein Backblech mit Backpapier auslegen. Den Zucker mit 100 Milliliter Wasser, dem Vanillezucker und dem Zimtpulver in einer großen Pfanne verrühren und die Masse zum Kochen bringen.

2

Die Mandeln hinzugeben und alles zusammen bei starker Hitze weiterkochen. Immer wieder umrühren, damit die Mandeln von der Zuckermasse überzogen werden.

3

Nach circa fünf bis zehn Minuten ist die Flüssigkeit verdampft. Die Mandeln bekommen eine trockene Zuckerkruste.

4

Hitze etwas herunterschalten und die Masse weiterrühren. Der Zucker verflüssigt sich jetzt wieder und umhüllt die Mandeln mit einem Karamellüberzug.

5

Dann muss es schnell gehen: die heiße Masse vorsichtig auf das mit Backpapier ausgelegte Backblech schütten.

6

Mit zwei Gabeln die karamellisierten Mandeln schnell voneinander trennen (Vorsicht, sehr heiß und klebrig!). Auf dem Blech abkühlen lassen. In luftdichten Dosen aufbewahren.

Mürbeteigplätzchen

Gerade zur Weihnachtszeit macht das Backen mit Kindern am meisten Spaß. Und Mürbeteigplätzchen eignen sich dazu besonders gut. Man kann mit Fantasie das Naschwerk prima verzieren – mit Schokoladen- oder bunten Zuckerstreuseln, Perlen, Nüssen, Marmelade … Natürlich geht das auch außerhalb der Weihnachtszeit, einfach die passenden Ausstechmotive wählen. Luftdicht verschlossen bleiben die Plätzchen lange knusprig.

ZUTATEN

(für ca. 30 Stück)

200 g Mehl
50 g Zucker
1 TL Backpulver
100 g kalte Butter
1 Prise Salz
1 Ei
1 Eigelb zum Bestreichen

Ausstechförmchen

1

Mehl mit dem Backpulver in eine Schüssel sieben. Die kalte Butter in kleine Stücke schneiden und auf dem Mehl am Rand der Schüssel verteilen. Zucker, Salz und das Ei in die Mitte geben.

2

Mit den Knethaken des Handrührgeräts die Masse von innen nach außen vorsichtig vermengen.

3

Den noch etwas krümeligen Teig auf einer bemehlten Arbeitsfläche mit den Händen zu einem glatten Teig verkneten.

4

Den Teig in eine Schüssel geben und mit Frischhaltefolie gut abdecken. Für 30 Minuten in den Kühlschrank stellen.

5

Mithilfe von Frischhaltefolie den Teig auf bemehlter Fläche drei bis fünf Millimeter dick ausrollen. Ofen auf 170 Grad (Ober-/Unterhitze) vorheizen, das Blech mit Backpapier belegen.

6

Plätzchen ausstechen. Eigelb verrühren und auf die Plätzchen pinseln. Diese mit einem Messer vom Tisch abheben und auf das Blech legen. Zehn bis 15 Minuten backen, bis sie leicht braun sind.

Zimtsterne

Zimt gibt es heute in jedem Supermarkt zum kleinen Preis. Dabei war das uralte Gewürz, das man schon vor 5.000 Jahren in China verwendete, im Mittelalter ungeheuer kostbar. 1530 verbrannte der Kaufmann Anton Fugger die Schuldscheine von Kaiser Karl V. vor dessen Augen mit Zimtstangen, um seinen Reichtum zu demonstrieren. Die würzigen Zimtsterne, die zu den beliebtesten Weihnachtsbäckereien zählen, wurden erstmals in Schwaben gebacken. Als Grundlage für die Zimtsterne dient eine Baisermasse, sodass die Plätzchen im Backofen eher getrocknet als gebacken werden. Übrigens schmecken die beliebten Weihnachtsplätzchen umso besser, je länger man sie in der Plätzchendose aufbewahrt, denn dann entfalten sie ihr volles Aroma.

ZUTATEN

(für ca. 40 Stück)

250 g Puderzucker
400 g gemahlene Haselnüsse
1 Päckchen Vanillinzucker
1 gestrichener TL gemahlener Zimt
3 Eiweiß

Ausstechförmchen (Sterne)

1

Backblech mit Backpapier auslegen. Eiweiß mit dem Mixer so steif schlagen, dass als Test ein Messerschnitt sichtbar bleibt.

2

Den Puderzucker fein sieben. Langsam unter das Eiweiß rühren.

3

Vom steifen Eischnee zwei bis drei Esslöffel abnehmen und in eine kleine Schüssel geben. Für das spätere Bestreichen der Sterne beiseitestellen.

4

Vanillinzucker, Zimt und die gemahlenen Haselnüsse vorsichtig unter den übrigen Eischnee heben. Mit den Händen unterkneten, bis der Teig fest wird.

5

Die Arbeitsfläche mit Mehl bestäuben. Darauf den Teig etwa einen halben Zentimeter dick ausrollen. Ofen auf 140 Grad (Ober-/Unterhitze) vorheizen.

6

Aus dem Teig Sterne ausstechen und auf das Blech legen. Tipp: Das Ausstechen gelingt besser, wenn man das Förmchen zwischendurch in Wasser taucht.

7

Mit beiseitegestelltem Eischnee die ausgestochenen Zimtsterne bestreichen. Darauf achten, dass der Eischnee sich glatt verstreichen lässt.

8

Zimtsterne etwa 25 Minuten in den vorgeheizten Ofen geben. Die Unterseite der Sterne sollte noch weich sein. Auf einem Kuchengitter abkühlen lassen.

Vanillekipferl

Die aromatisch duftenden Plätzchen sind ein traditionelles Weihnachtsgebäck. Typisch für die süßen Hörnchen: Sie sind so zart und mürbe, dass man sie fast unter dem Gaumen zerdrücken kann. Übrigens eignen sich die hübschen Kipferl auch als persönliches Gastgeschenk zur Weihnachtszeit. Beim Verpacken darauf achten, dass zwischen den mondförmigen Leckerbissen Pergamentpapier liegt, so bleibt die Puderzuckerschicht erhalten.

ZUTATEN

(für ca. 25 Stück)

250 g Mehl
2 EL Zucker
125 g gemahlene Mandeln
1 Vanilleschote
250 g weiche Butter

Butter für das Backblech
Puderzucker zum Wälzen

1

Vanilleschote längs aufschneiden, mit dem Messer das Mark herauskratzen. Zusammen mit der weichen Butter und dem Zucker verrühren, dann Mehl und Mandeln hinzugeben.

4

Währenddessen den Backofen auf 160 Grad (Ober-/Unterhitze) vorheizen. Dann die vorgeschnittenen Teigscheiben zu kleinen Rollen formen, die an den Enden dünn auslaufen.

2

Alles schnell zu einem festen Teig verkneten. Teig vierteln. Aus jedem Teil eine circa zwei bis drei Zentimeter dicke Rolle formen. Abgedeckt für eine gute halbe Stunde in den Kühlschrank stellen.

5

Die kleinen Rollen mit den Händen vorsichtig in Kipferlform biegen und auf ein gefettetes oder mit Backpapier ausgelegtes Backblech legen.

3

Nach der Kühlzeit die Teigrollen auf einer bemehlten Arbeitsfläche in etwa fingerdicke Scheiben schneiden.

6

Die Kipferl im vorgeheizten Backofen zwölf bis 15 Minuten goldgelb backen. Vorsichtig vom Blech nehmen und noch warm in Puderzucker wälzen. Zum Auskühlen auf ein Kuchengitter legen.

Spitzbuben

ZUTATEN

(für ca. 30-40 Stück)

Für den Teig:
300 g Mehl
150 g Zucker
1 Päckchen Bourbon-Vanillezucker
120 g weiche Butter
1 Ei

Für die Füllung:
ca. 150 g Erdbeermarmelade

Puderzucker zum Bestäuben

Ausstechförmchen

Das feine Mürbeteiggebäck, bei dem die fruchtige Marmelade „spitzbübisch" durch die ausgestochenen Löcher lugt, darf auf keinem bunten Weihnachtsteller fehlen. Mittlerweile gibt es sogar spezielle Spitzbubenausstecher mit verschiedenen Motiven zu kaufen. Aber auch mit einem kleinen Glas und normalen Miniförmchen gelingen die Traditionskekse prima. Für die Füllung bieten sich neben Erdbeer- auch Himbeermarmelade oder Johannisbeergelee an.

1

Mehl, Zucker, Vanillezucker, weiche Butter und das Ei in einer Rührschüssel mit dem Mixer zu einem festen Teig verarbeiten. Diesen eine Stunde in den Kühlschrank stellen.

2

Gekühlten Mürbeteig in zwei Portionen aufteilen und auf einer bemehlten Arbeitsfläche circa vier Millimeter dick ausrollen. Backofen auf 180 Grad (Ober-/Unterhitze) vorheizen.

3

Mit einem Spitzbuben-ausstecher oder kleinen Glas zunächst aus der einen Teighälfte runde Plätzchen für die Unterteile ausstechen und auf ein mit Backpapier belegtes Backblech setzen.

4

Aus der zweiten Teighälfte mithilfe des Spezialausstechers oder mit Glas und Miniförmchen die gleiche Anzahl „Lochplätzchen" herstellen und ebenfalls auf ein Backblech setzen.

5

Plätzchen bei 180 Grad circa acht bis zehn Minuten backen und dann auf einem Kuchengitter abkühlen lassen. Unterteile ohne Loch danach mit Erdbeermarmelade bestreichen.

6

„Lochplätzchen" mit Puderzucker bestäuben und vorsichtig auf die Unterteile setzen, damit die Marmelade nicht herausquillt.
In Gebäckdosen zwischen Pergamentpapier aufbewahren.

Kokosmakronen

Kokosmakronen sind ein traditionelles und beliebtes Gebäck zur Weihnachtszeit. Bei dem auch als „Kokosbusserl" bekannten Gebäck werden die gemahlenen Mandeln – Grundzutat der ursprünglichen „Macarons" (siehe auch Rezept Seite 32) – durch Kokosnussflocken ersetzt. Nach dem Backen bei niedriger Temperatur wird das im Kern noch weiche Eischneegebäck oft mit Schokolade verfeinert.

ZUTATEN

(für ca. 35-40 Stück)

150 g Zucker
150 g Kokosflocken
1 Prise Salz
2 Eiweiß

ca. 40 Backoblaten (4 cm ø)

1

Eiweiß vom Eigelb trennen. Dabei darf kein Eigelb ins Eiweiß geraten. Das darin enthaltene Fett verhindert, dass die Eiweißmasse sich steif schlagen lässt.

2

Auch Schüssel und Quirle müssen fettfrei sein. Das Eiweiß mithilfe eines Handmixers steif schlagen. Dabei die Prise Salz hinzufügen.

3

Den Zucker nach und nach einrieseln lassen und dabei das Eiweiß weiter steif schlagen.

4

Kokosflocken vorsichtig unterheben. Den Ofen auf 140 Grad (Umluft) vorheizen. Die Oblaten nebeneinander auf das Backblech legen.

5

Jeweils kleine Teighäufchen mit zwei Teelöffeln auf die Oblaten setzen. Im Backofen 15 bis 20 Minuten backen.

6

Die Makronen vorsichtig vom Blech nehmen und auskühlen lassen.

Haselnusstaler

Die Früchte des Haselstrauchs wussten bereits die Menschen in der Steinzeit zu schätzen und legten große Vorräte an. Später galten die Nüsse in vielen Kulturen als Glücksbringer und Fruchtbarkeitssymbol und wurden Brautpaaren bei der Hochzeit in einem Korb überreicht. Ihr hoher Fettgehalt macht Haselnüsse besonders geeignet für die Herstellung von Eis, Süßigkeiten (wie das beliebte Nougat) – oder eben diesen köstlichen Plätzchen, von denen man übrigens auch ganz gut einen Vorrat anlegen kann. Sie halten sich lange frisch.

ZUTATEN

(für ca. 70 Stück)

Für den Teig:

250 g Mehl
150 g Zucker
200 g gemahlene Haselnusskerne
1 Päckchen Vanillinzucker
3 Tropfen Bittermandelöl
100 g weiche Butter
4-6 EL Milch

Zum Verzieren:

2-3 EL Milch
ca. 70 ganze Haselnüsse

1

Die trockenen Zutaten Mehl, Zucker, Haselnusskerne und Vanillinzucker in einer Rührschüssel mit einem Kochlöffel vermischen.

2

Drei Tropfen Bittermandelöl, weiche Butter in Stückchen und vier bis sechs Esslöffel Milch dazugeben und alles mit den Knethaken des Mixers zu einem festen Teig verrühren.

3

Fertigen Teig auf einer Arbeitsfläche portionsweise zu gleichmäßigen Rollen von circa drei Zentimeter Durchmesser formen. Backblech mit Backpapier belegen.

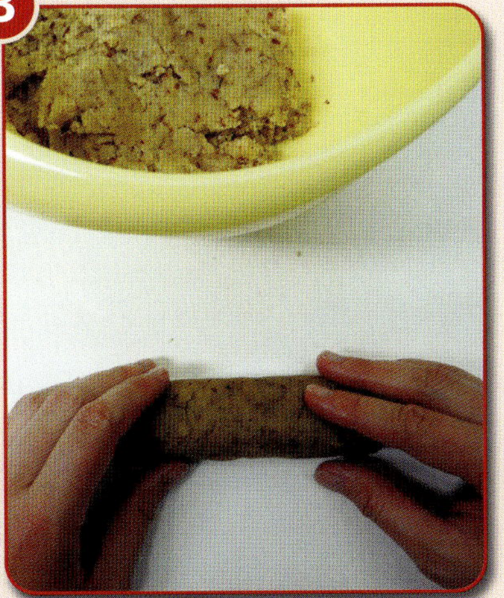

4

Von den Rollen circa einen halben Zentimeter dicke Scheiben abschneiden und die Taler mit etwas Abstand zueinander auf das Backblech setzen. Backofen auf 180 Grad vorheizen.

5

Mit einem Backpinsel ein wenig Milch auf die Oberfläche jedes Talers streichen. Das lässt die Plätzchen später schön glänzen.

6

In die Mitte jedes Talers eine Haselnuss setzen und die Kekse im vorgeheizten Ofen in circa zehn bis 15 Minuten backen.
Auf einem Kuchengitter abkühlen lassen.

Anisplätzchen

Anis ist ein vielseitig einsetzbares Gewürz mit unverwechselbarem, leicht süßlichem Aroma. Es wird auch zur Herstellung von so bekannten Getränken wie dem griechischen Ouzo oder dem französischen Pastis verwendet. Die schaumigen Weihnachtskekse, die mit gemahlenem Anis verfeinert werden, kennt man schon seit Jahrhunderten. Ihre Zubereitung braucht etwas Zeit. Der volle Anisgeschmack entfaltet sich am besten, wenn man die Plätzchen vor dem Verzehr zwei Wochen lang in einer verschlossenen Dose aufbewahrt.

ZUTATEN

(für ca. 50 Stück)

250 g Mehl
250 g Puderzucker
2 Päckchen Bourbon-Vanillezucker
2 TL gemahlener Anis
1 Prise Salz
3 Eier

Spritzbeutel mit Lochtülle

1 Eier und Puderzucker in eine Schüssel geben, mit den Quirlen des Mixers zu einer weiß-gelblichen, schaumigen Masse schlagen.

2 Salz, Bourbon-Vanillezucker und Anis vorsichtig dazugeben und kurz unterrühren.

3 Das Mehl über die Schaummasse sieben und vorsichtig mit einem Kochlöffel unterheben. Der Teig soll glatt, aber noch schaumig sein.

4 Ein Backblech mit Backpapier auslegen und dünn etwas Mehl darüberstreuen.

5 Plätzchenteig in den Spritzbeutel füllen und walnussgroße Häufchen mit etwas Abstand zueinander auf das Backblech spritzen. Jetzt muss die Masse circa 24 Stunden bei Zimmertemperatur trocknen.

6 Kekse im auf 160 Grad (Ober-/Unterhitze) vorgeheizten Backofen circa 20 Minuten backen, die Häubchen sollten weiß bleiben.

Spekulatius

ZUTATEN

(für ca. 170 Stück)

500 g Mehl
250 g Zucker
100 g gemahlene Mandeln
1 Päckchen Vanillinzucker
2 TL Backpulver
1 Päckchen (15 g) Spekulatiusgewürz
1 Prise Salz
200 g weiche Butter
2 Eier

gehobelte Mandeln für das Backblech

Ausstechförmchen

Das beliebte Gewürzgebäck war wegen seiner exotischen Zutaten, die ihm das typische Aroma verleihen, bis weit ins 20. Jahrhundert hinein eine teure Spezialität. Im Spekulatiusgewürz sind Zimt, Muskatnuss, Nelken, Anis und weißer Pfeffer enthalten. In Deutschland weckt Spekulatius automatisch Weihnachtsstimmung – aber in den Niederlanden und Belgien, wo ebenfalls seine Ursprünge liegen, genießt man es sogar ganzjährig. Eigentlich wird es in Holzformen, den sogenannten Modeln, geformt, aber auch mit „normalen“ Keksausstechern gelingt die knusprige Spezialität.

1

Mehl, Backpulver, Zucker, Vanillinzucker, Salz, gemahlene Mandeln und Spekulatiusgewürz mit einem Kochlöffel in einer Rührschüssel vermischen.

2

Die weiche Butter und die Eier hinzufügen und alles mit den Knethaken des Mixers zu einem glatten Teig verkneten. Diesen für eine halbe Stunde in den Kühlschrank stellen.

3

In der Zwischenzeit ein Backblech mit Backpapier belegen und die gehobelten Mandeln gleichmäßig darauf verteilen.

4

Backofen auf 180 Grad (Ober-/Unterhitze) vorheizen. Gekühlten Spekulatiusteig portionsweise dünn auf einer bemehlten Arbeitsfläche ausrollen.

5

Mit beliebigen Keksausstechern Plätzchen ausstechen und vorsichtig auf das Backblech legen. Leicht andrücken, damit die gehobelten Mandeln auf der Rückseite haften.

6

Spekulatius circa zehn Minuten backen, auf einem Kuchengitter abkühlen lassen. In luftdicht schließenden Dosen hält sich das Gebäck circa drei Wochen lang frisch.

Husarenkrapfen

Butterzart zergehen die feinen Plätzchen im Mund – mit dem entscheidenden geschmacklichen Kick durch die Marmeladenfüllung. Statt Aprikosenmarmelade schmecken auch Himbeer-, Erdbeer- oder Johannisbeermarmelade hervorragend. Mit Puderzucker bestäubt sind Husarenkrapfen ein Hingucker auf jedem weihnachtlichen Plätzchenteller.

ZUTATEN

(für ca. 50 Stück)

Für den Teig:

160 g Mehl
65 g Zucker
1 Päckchen Vanillinzucker
150 g weiche Butter
2 Eigelb

Puderzucker zum Bestäuben

Für die Füllung:

80-100 g Aprikosenmarmelade

Spritzbeutel mit Lochtülle

1

Weiche Butter, Zucker und Vanillinzucker in eine Schüssel geben und mit dem Mixer zu einer schaumigen Masse schlagen.

2

Um Eigelb vom Eiweiß zu trennen, Eier über einem Gefäß vorsichtig aufschlagen und das Eiweiß herauslaufen lassen. Eigelb unter die Buttermischung rühren.

3

Mehl hinzufügen und alles schnell zu einem glatten Teig verkneten. Daraus eine Kugel formen, diese in Klarsichtfolie hüllen und für gut 30 Minuten in den Kühlschrank stellen.

4

Ein Backblech mit Backpapier auslegen. Zwischen beiden Händen aus dem Teig etwa kirschgroße Kugeln formen und mit etwas Abstand zueinander auf das Blech setzen.

5

Mit dem Stiel eines Kochlöffels in die Mitte der Teigkugeln kleine Vertiefungen drücken.

6

Aprikosenmarmelade in den Spritzbeutel füllen und in die Teigvertiefungen spritzen. Husarenkrapfen bei 160 Grad (Umluft) circa 30 Minuten backen, abgekühlt mit Puderzucker bestäuben.

Mandelkränze

Dem zarten Mürbeteiggebäck geben die aufgestreuten Mandeln Biss und Knackigkeit. Schon gewusst? Kultiviert werden Mandelbäume, übrigens ganz offiziell Rosengewächse, seit etwa 4.000 Jahren. Die heute bei uns im Laden erhältlichen Mandeln stammen hauptsächlich aus den großen Anbaugebieten in Kalifornien und im Mittelmeerraum. Und gesund sind sie auch noch: mit einem hohen Anteil an Calcium, Magnesium, Kalium und Folsäure. Spricht doch nichts gegen den Genuss einiger Plätzchen ...

ZUTATEN

(für ca. 30-40 Stück)

Für den Teig:

150 g Mehl
75 g Zucker
75 g gemahlene Mandeln
Saft 1/2 Zitrone
75 g Butter
2 Eigelb

2-3 EL gehackte Mandeln zum Bestreuen

Zum Bestreichen:

1 Eigelb
1-2 EL Milch

Kränzchenformen

Aus allen Zutaten einen geschmeidigen Knetteig rühren und diesen circa eine halbe Stunde im Kühlschrank ruhen lassen.

1

Mürbeteig portionsweise auf einer bemehlten Arbeitsfläche circa einen halben Zentimeter dick ausrollen. Mit Kränzchenformen die Kekse ausstechen.

2

Backblech mit Backpapier auslegen und die fertigen Kränze daraufgeben. Nicht zu dicht nebeneinanderlegen. Übrigen Teig erneut verkneten und ausrollen.

3

Ein Eigelb und etwas Milch in einer kleinen Schüssel mit der Gabel verquirlen. Mischung auf die Kränze streichen, das lässt die Mandeln gut haften und gibt den Keksen später einen schönen Glanz.

4

Backofen auf 200 Grad (Ober-/Unterhitze) vorheizen. Die gehackten Mandeln gleichmäßig auf die Kränze streuen.

5

Die Kekse bei 200 Grad circa zehn bis 15 Minuten backen und danach auf einem Kuchengitter auskühlen lassen.

6

Pfaffenhütchen

Das Pfaffenhütchen ist ein raffiniertes Schweizer Gebäck aus Mürbeteig. Allerdings kennt man unter diesem Namen auch die gleichnamige giftige Pflanze. Die spezielle dreieckige Form der gefüllten Plätzchen erinnert wohl an einen Pfaffenhut. Ein „Pfaffe" (von lat.: „papa" = Vater) war früher die Bezeichnung eines Geistlichen, ursprünglich eines römisch-katholischen Priesters.

ZUTATEN

(für ca. 40 Stück)

Für den Teig:	**Zum Bestreichen:**
250 g Mehl	2-3 EL Milch oder Wasser
125 g Zucker	1 Ei
1 Päckchen Vanillinzucker	
125 g kalte, klein gehackte	Butter für das Backblech
Butter	Puderzucker zum Bestäuben
2 Eigelb	
	kreisförmiger
Für die Füllung:	Plätzchenausstecher
40 g Zucker	(ca. 7 cm ø)
70 g gemahlene, abgezogene	
Mandeln	
1 Prise Zimtpulver	
1 Prise Nelkenpulver	
1 Eiweiß	

1

Mehl, Zucker und Vanillinzucker auf die Arbeitsfläche häufen, Mulde formen. Eigelb hineingeben, Butter rundherum setzen. Mit dem Messer grob hacken ...

2

... und alles mit den Händen rasch zu einem Teig verkneten. Teig zu einer Kugel formen, in Frischhaltefolie wickeln und circa 30 Minuten kühl stellen.

3

Für die Füllung Eiweiß steif schlagen, dann Zucker einrieseln lassen. Weiterschlagen, bis die Masse schnittfest ist. Mandeln und Gewürze unterheben.

4

Den Ofen auf 180 Grad (Ober-/Unterhitze) vorheizen. Den Teig auf der bemehlten Arbeitsfläche circa drei Millimeter dick ausrollen.

5

Mit dem Plätzchenausstecher Kreise aus dem Teig ausstechen. Jeweils ein haselnussgroßes Häufchen von der Füllung in die Mitte setzen.

6

Das Ei trennen. Eiweiß mit einer Gabel etwas aufschlagen, Eigelb zur Seite stellen. Dann jeweils den Teigrand mit dem verschlagenen Eiweiß bestreichen.

7

Den Teigrand an drei Seiten hochklappen und in der Mitte fest zusammendrücken, sodass „Hütchen“ entstehen. Auf ein gefettetes Backblech geben.

8

Eigelb mit Milch oder Wasser verquirlen, Hütchen damit bepinseln. Im Ofen circa 14 Minuten backen. Abkühlen lassen, mit Puderzucker bestäuben.

Terrassengebäck

Es sieht aus wie ein kleines Bäckereikunstwerk, ist aber auch für Backanfänger prima machbar. Wichtig ist vor allem das gleichmäßige Ausrollen des einfachen Mürbeteigs, damit alle „Terrassen" auch gleich dick sind und zeitgleich im Backofen garen können. Auch beim Terrassengebäck kann wieder variiert werden – ob in der Wahl der Ausstechförmchen oder durch Ausprobieren anderer Fruchtgelees.

ZUTATEN

(für ca. 40 Stück)

Für den Teig:	**Für die Füllung:**
500 g Mehl	250 g Johannisbeergelee
150 g Zucker	
1 Päckchen Vanillinzucker	Butter für das Backblech
2 TL Backpulver	Puderzucker zum Bestäuben
1 Messerspitze geriebene	
Zitronenschale	Ausstechförmchen
250 g kalte Butter	
(in Flöckchen)	
1 Ei	
1 Eigelb	

1

Backpulver, Mehl, Zucker, Vanillinzucker und Zitronenschale häufeln. Eine Mulde bilden, Ei und Eigelb hineingeben. Butterflocken rundherum verteilen.

2

Alles mit einem großen Messer zu Bröseln hacken.

3

Die Brösel mit den Händen rasch zusammenkneten, Teig in Folie gewickelt für circa 30 Minuten in den Kühlschrank stellen. Das Backblech einfetten.

4

Teig auf bemehlter Fläche flach drücken, dann ausrollen. Mit einer Palette von der Fläche lösen. Backofen auf 200 Grad (Ober-/Unterhitze) vorheizen.

5

Mit drei verschieden großen Förmchen in gleicher Menge Kreise aus dem Teig ausstechen, aufs Backblech setzen und im Ofen circa zwölf Minuten backen.

6

Die Plätzchen noch heiß mit einer Palette auf ein Kuchengitter setzen.

7

Die beiden größeren Plätzchen noch warm mit Gelee bestreichen und zusammensetzen, das kleine obenauf setzen und auskühlen lassen.

8

Die Plätzchen mit Puderzucker bestäuben.
Für die Vorratsdose: Pergamentpapier zwischen die Lagen legen.

Glühweinrauten

ZUTATEN

(für ca. 60 kleine Rauten)

Für den Teig:	Für den Guss:
250 g Mehl	200 g Puderzucker
250 g Zucker	4-5 EL Wasser
100 g gehackte Mandeln	oder Glühwein
2 Päckchen Bourbon-	
Vanillezucker	Butter für das Backblech
1 Päckchen Backpulver	
250 g Butter	25 g gehackte Pistazien
4 Eier	zum Bestreuen
150 g Zartbitterkuvertüre,	
fein gerieben	
1/8 l Glühwein	

Der würzige Glühwein verleiht in diesem Rezept dem feinen Gebäck ein besonders weihnachtliches Aroma. Wer mag, kann ihn dafür sogar ganz einfach selbst herstellen: ein Viertelliter Rotwein mit etwas geriebener Zitronen- und Orangenschale, dem Saft je einer halben Zitrone und Orange, zwei Esslöffel Zucker, einem Teelöffel Zimt und drei Gewürznelken (oder mit fertigem Glühweingewürz) erhitzen, nicht kochen, ein paar Minuten ziehen lassen und durch ein Sieb oder einen Kaffeefilter abgießen.

1

Butter, Zucker und Vanillezucker in einer Rührschüssel mit den Quirlen des Mixers schaumig schlagen. Eier nacheinander unterrühren.

2

Kuvertüre, Mehl, Backpulver, Mandeln und Glühwein unter weiterem Rühren zugeben. Alles zu einem luftigen Teig vermischen. Backofen auf 200 Grad vorheizen.

3

Ein Backblech einfetten und den Teig gleichmäßig darauf glatt streichen. Dann bei 200 Grad circa 25 bis 30 Minuten backen.

4

Die Oberfläche des Gebäcks sollte eine zarte Kruste bilden und auf vorsichtigen Druck leicht federn, dann ist es perfekt. Auf dem Backblech abkühlen lassen.

5

Mit einem großen Messer oder Schneidroller den Kuchen diagonal in Rauten schneiden und die Stücke auf ein Kuchengitter legen.

6

Für den Guss den Puderzucker vorsichtig nach und nach mit vier bis fünf Esslöffel Wasser oder Glühwein verrühren, er sollte nicht zu flüssig werden.

7

Den Guss mit einem Löffel oder Backpinsel gleichmäßig über das Gebäck verteilen.

8

Gehackte Pistazien dekorativ auf den noch geschmeidigen Guss aufstreuen. Gebäck nach dem Trocknen in gut schließenden Dosen aufbewahren.

Dominosteine

Der Dresdner Chocolatier Herbert Wendler gilt als Erfinder des beliebten Konfekts. 1936 erfreute er seine Kundschaft mit einer preiswerten Praline aus Lebkuchenteig, Fruchtfüllung und Marzipan, die sich, im Gegensatz zu seinen anderen, weitaus aufwendigeren Kreationen, auch das breite Volk leisten konnte. Deshalb trugen Dominosteine in früheren Zeiten der Lebensmittelknappheit auch den Beinamen „Notpralinen“.

ZUTATEN

(für ca. 40 Stück)

Für den Teig:	**Für die Füllung:**
500 g Mehl	200 g Johannisbeergelee
100 g brauner Zucker	200 g Marzipanrohmasse
200 g Honig	1 EL Rum nach Geschmack
1 Päckchen Backpulver	
1/2 TL Zimtpulver	**Für den Überzug:**
1 Prise Nelkenpulver	400 g Zartbitterkuvertüre
50 g Butter	
1 Ei	Butter für das Backblech

Honig, Butter und Zucker in einem Topf auf dem Herd unter Rühren langsam erhitzen, bis die Butter geschmolzen ist und eine gleichmäßige Masse entsteht.

1

Mehl, Backpulver, Zimt, Nelkenpulver und das Ei in eine Rührschüssel geben. Honigmischung hinzuschütten und alles zu einem glatten Teig verkneten.

2

Backofen auf 200 Grad (Ober-/Unterhitze) vorheizen.
Ein Backblech einfetten und den fertigen Teig darauf circa einen Zentimeter dick ausrollen.

3

Bei 200 Grad ist der Teig in circa 15 Minuten fertig gebacken. Danach die Teigplatte längs in zwei Hälften teilen.

4

Eine der Hälften mit einem Backpinsel oder Messer mit Johannisbeergelee bestreichen.

5

Marzipanrohmasse nach Wunsch mit Rum verkneten und dann zwischen Frischhaltefolie auf Größe der Teigplatten ausrollen. Auf die Geleeschicht geben.

6

Marzipan erneut mit Gelee bestreichen, zweite Teigplatte darauflegen und leicht andrücken. Das geschichtete Gebäck in kleine Würfel (2,5 x 2,5 cm) schneiden.

7

Kuvertüre im Wasserbad in einer Schüssel schmelzen und die Würfel damit überziehen, das gelingt am besten mithilfe eines Zahnstochers. Dann trocknen lassen.

8

Pfeffernüsse

Exotische Gewürze wurden in früheren Zeiten unter dem Begriff „Pfeffer“ zusammengefasst. So hat sich der Name des Gebäcks eingebürgert, obwohl die Kekse nur einen Hauch richtigen Pfeffer enthalten. Wer nicht alle Gewürze einzeln verwenden möchte, kann auch auf fertige Lebkuchengewürzmischung zurückgreifen.

ZUTATEN

(für ca. 50 Stück)

25 g Zitronat, sehr fein gewürfelt
250 g Mehl
160 g Zucker
25 g Mandeln, fein gehackt
1 1/2 TL Backpulver
1 Päckchen geriebene Zitronenschale
1 Prise gemahlener Ingwer
1 Prise gemahlener Kardamom
1 Prise Nelkenpulver
1 Prise gemahlener Piment
1 Prise gemahlener weißer Pfeffer
1 Prise Salz
3-5 EL Milch
1 Ei
ggf. 175 g Puderzucker

In einer Rührschüssel Mehl und Backpulver vermischen. Zucker, Zitronenschale und Salz zugeben.

1

Alle Gewürze, das Ei, die Milch, fein gewürfeltes Zitronat und gehackte Mandeln ebenfalls hinzufügen.

2

Mit den Knethaken des Mixers alles zuerst auf niedriger, dann auf höchster Stufe zu einem glatten Teig verrühren. Wenn er zu krümelig ist, noch etwas Milch zugeben.

3

Knetteig zu zwei Rollen von circa 25 Zentimeter Länge verarbeiten. In ein Zentimeter dicke Scheiben schneiden, mit den Händen zu Kugeln formen, diese auf ein mit Backpapier belegtes Blech setzen.

4

Bei 160 Grad (Umluft) die Pfeffernüsse in circa 15 Minuten backen. Mit dem Backpapier vom Blech ziehen und auf einem Kuchengitter abkühlen lassen.

5

Tipp:
Das fertige Gebäck noch mit Zuckerguss verzieren.
175 Gramm Puderzucker mit circa zwei Esslöffel Wasser verrühren und die Pfeffernüsse damit bestreichen.

6

Berliner Brot

Das würzige Gebäck kommt hierzulande meist zu Weihnachten auf den bunten Plätzchenteller. Seine dunkle Farbe verdankt es dem zugegebenen Apfelkraut oder Zuckerrübensirup. Berliner Brot erinnert in der Konsistenz an Lebkuchen. Schokolade und Zitronat machen das Berliner Brot schön saftig. Andere Rezepte lassen das Gebäck sehr knusprig, fast hart werden.

ZUTATEN

(für ca. 70 Stück)

100 g gehacktes Zitronat
500 g Mehl
500 g Zucker
200 g ganze Mandeln oder Haselnüsse
1 Päckchen Vanillinzucker
2 TL Backpulver
2 EL Rum
1/2 TL gemahlener Piment
2 EL Zimtpulver
130 g Apfelkraut oder Zuckerrübensirup
4 Eier
4 EL heißes Wasser
100 g Zartbitterschokolade

Butter für das Backblech

1

Als Vorbereitung das Blech einfetten, gehacktes Zitronat bereitstellen und die Zartbitterschokolade fein reiben.

2

Die Eier mit dem heißen Wasser in einer Rührschüssel mit dem Mixer auf höchster Stufe schaumig rühren. Das dauert circa eine Minute.

3

Zucker und Vanillinzucker im Messbecher mischen, langsam zur Eimasse schütten. Dabei circa drei Minuten weiterrühren, bis der Zucker nicht mehr knirscht.

4

Apfelkraut oder Zuckerrübensirup, Rum, Piment und Zimt in die Schüssel geben und ebenfalls kurz unterrühren.

5

Das mit Backpulver gemischte Mehl in zwei Portionen kurz unterrühren, bis keine Mehlspuren mehr zu sehen sind.

6

Mit einem Löffel Schokolade, Zitronat und ganze Mandeln oder Haselnüsse vorsichtig unterheben, bis alles gut vermischt ist.

7

Backofen auf 200 Grad (Ober-/Unterhitze) vorheizen. Fertigen Teig auf dem Blech gleichmäßig verteilen und glatt streichen. Circa 20 Minuten goldbraun backen.

8

Berliner Brot auf dem Blech auf einem Kuchengitter etwas abkühlen lassen und dann in circa vier mal vier Zentimeter große Quadrate oder Rauten schneiden.

Honigkuchen

Die Nürnberger Spezialität besteht aus einem lebkuchenähnlichen Teig mit vielen Weihnachtsgewürzen. In Nürnberg backt man ihn auch gern in der Form eines freundlichen Pferdes – daher kommt der Spruch „Grinsen wie ein Honigkuchenpferd". In anderen Regionen hat sich der Name „Frühstückskuchen" eingebürgert. Zwei bis drei Wochen bleibt er in einer Blechdose frisch.

ZUTATEN

(für ca. 50 Stück)

Für den Teig:	1 Prise Salz
700 g Mehl	1/8 l Öl
250 g Zucker	3 EL Sahne
400 g Honig	3 Eier
250 g gemahlene Mandeln	
1 Päckchen Backpulver	**Zum Verzieren:**
2 TL Zimtpulver	100 g geschälte Mandeln
1 Messerspitze Nelkenpulver	20 kandierte Kirschen
1 Messerspitze Piment	Zitronatstreifen
100 g fein gehacktes Zitronat	
100 g fein gehacktes Orangeat	Butter für das Backblech

1

Öl, Honig und Zucker unter Rühren aufkochen und wieder abkühlen lassen.

2

Mehl, Backpulver, gemahlene Mandeln, Gewürze, Eier, Zitronat und Orangeat mit den Knethaken des Handrührgeräts verrühren.

3

Honiggemisch hinzugeben. Zu geschmeidigem Teig verkneten (ist der Teig zu weich, ein wenig Mehl einrühren). Zugedeckt im Kühlschrank circa eine Stunde ruhen lassen.

4

Den Teig auf ein gefettetes Backblech drücken und glatt streichen.

5

Mit der Sahne bepinseln. Backofen auf 180 Grad (Ober-/Unterhitze) vorheizen.

6

Quadrate von circa sechs mal sechs Zentimeter einschneiden.

7

Jedes Quadrat mit Mandeln, kandierten Kirschen und Zitronatstreifen verzieren. Auf mittlerer Schiene im vorgeheizten Ofen circa 40 Minuten hellbraun backen.

8

Herausnehmen und etwas abkühlen lassen. Kuchen in die markierten Quadrate teilen und auf einer Kuchenplatte anrichten.

Lebkuchenhäuschen

Hier macht das Dekorieren wohl die meiste Freude – und Fantasie ist gefragt beim Dachdecken: ob Schokolinsen, Zuckerperlen, Gummibärchen oder (wie hier) eine Variante mit Mandeln. Wichtig: Lebkuchenteig muss abgedeckt über Nacht an einem kühlen Ort ruhen, also einen Tag vorher mit den Vorbereitungen anfangen.

Und so wird's gemacht ...

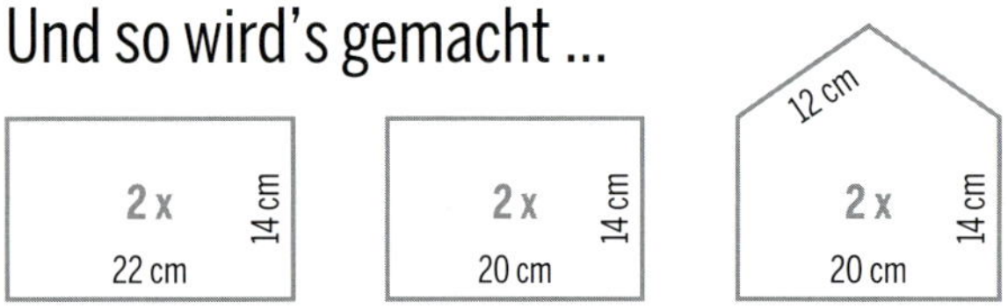

Dach Hauswand Hauswand

ZUTATEN

(für 1 Häuschen)

600 g Mehl
250 g brauner Zucker, 250 g Honig
1 EL Pottasche
1 TL Lebkuchengewürz
1 EL Kakaopulver
100 g Butter, 1 Ei

Zum Verzieren:
1 Eiweiß, 200 g Puderzucker
200 g geschälte Mandeln

2 Backbleche, Ausstechformen (Tannenbaum, Figuren), Schablonen aus festem Karton (siehe links), Spritzbeutel mit kleiner Tülle

1

Honig, Zucker und Butter unter Rühren erhitzen, bis sich der Zucker gelöst hat. Abkühlen lassen. Separat Mehl mit Lebkuchengewürz und Kakao mischen.

2

Pottasche in zwei Esslöffel Wasser auflösen und zur Mehlmischung geben. Ei verquirlen, mit der Honigmasse zur Mischung hinzufügen. Alles gut verkneten.

3

Teig abgedeckt über Nacht kühlen. Vom gekühlten Teig etwas abnehmen und ausrollen. Bäume ausstechen, auf ein Blech mit Backpapier legen.

4

Im vorgeheizten Ofen bei 175 Grad (Umluft) 15 Minuten backen. Übrigen Teig halbieren, auf zwei mit Backpapier ausgelegten Blechen ausrollen. Auch circa 15 Minuten backen.

5

Eine Teigplatte als Boden beiseitelegen. Aus der anderen, noch warmen (!) Platte alle Häuserteile wie angegeben (s. S. 122) ausschneiden. Auskühlen lassen.

6

Eiweiß steif schlagen, Puderzucker einstreuen. Zu dickflüssigem Guss aufschlagen. In den Spritzbeutel füllen, Türen und Fenster damit umranden.

7

Seiten- und Giebelwände mit Guss auf die Bodenplatte kleben. Dach mit Guss bepinseln, mit Mandeln belegen. Übrige Bauteile zusammenkleben.

8

Das Dach aufsetzen und die Figuren festkleben. Das Haus mit Zuckerguss fertig ausgestalten und trocknen lassen.

Stichwortregister

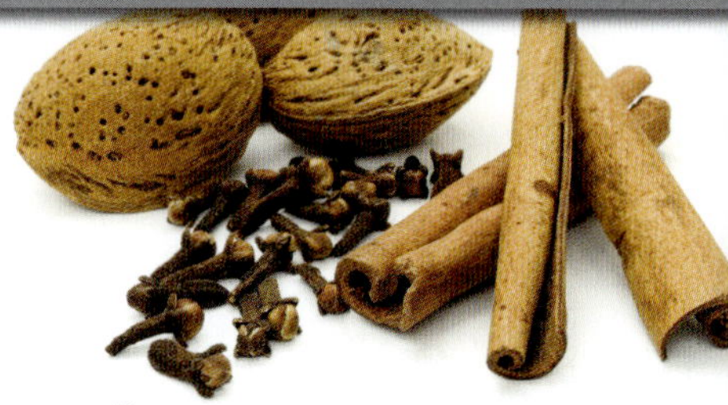

Hier finden Sie alle Rezepte in alphabetischer Reihenfolge

BILDNACHWEIS

Der Verlag bedankt sich für die freundliche Unterstützung bei folgenden Fotografen und Agenturen:

Titel
Großes Foto: Stockfood/Ulrike Schmid, Bilderfolge unten: Martin Siegers

Siegers, Martin
5 (2. Spalte u., 3. Spalte), 13, 15, 17, 30, 31, 35, 39, 45, 47, 53, 57, 63, 65, 67, 75, 84-87, 95, 98, 99, 101, 103, 105, 107, 113-115, 117, 119

Stockfood
49, 58, 59 (S 7, 8), 122, 123 (S 5-8); Banderob, Heino 18, U 4 (1.); Bischof, Harry 9 (r.); Brachat, Oliver 34, 118, 120; Brauner, Michael 10 (o.), 108; Cartier, Crystal 28; Caste, Alain 29 (S 6); Castilho, Rua 16, 32, 33; Cimbal, Walter 10 (u.); Demeurs, J./Pili Pili 80; Drool, Ltd/Lingwood, William 56; Finley, Marc O. 44, 52; Foodcollection 96; Foodphotogr. Eising 7, 8 (r.), 21 (außer S 1), 22-27, 43, 59 (S 1, 2), 70-72, 73 (außer S 2), 76-78, 79 (außer S 2), 82, 83, 90, 91, 93, 97, 109-111, 121, 123 (S 1,3,4), U 4 (2., 4.); Freek, Henrik 100; Fritz, Albert 60, 116; Hata, Lara 9 (l.); Heinze, Winfried 64; Hrbková, A. 104; Kerth, Ulrich 73 (S 2); Kirchherr, Jo 102; Leatart, Brian 74; Moretto, Alberto 54, 55; Rees, Peters 79 (S 2); Rob Fiocca Photography 92; Schindler, Martina 12, 20; Schmaltz, Joanne 8 (l.); Schmid, Ulrike 94; Stowell, Roger 62; Studio Schiermann 89; Teubner Foodfoto 21 (S 1), 29 (außer S 6), 61, 88, 106, 112, 123 (S 2); Tollhurst, Charlotte 36, 37 (S 1-3, 5, 6), 40, 41, 68, 69; Treloar, Debi 59 (S 3-6); Turré, Joachim 46, U 4 (3.); Z. Sandmann/Newedel 19, 81; Z. Sandmann/Teubner 48, 50, 51

Fotolia
6; Dudzinska, Barbara 5 (1. Spalte u.), 38; Kalani 14; Monkey Business 42; PhotoMau 124; Schmid, Bernhard 37 (S 4); Schwenty, Olaf 5 (1. Spalte o.); stefanfister 11; Twilight_Art_Pictures 5 (2. Spalte o.), 66, umiterdem 4